Les Conteurs
du XVIIIe Siècle

L'Abbé Prévost

Manon Lescaut

TOME I

PARIS
LIBRAIRIE DES BIBLIOPHILES
E. FLAMMARION
26, RUE RACINE, 26

LES CONTEURS DU XVIIIe SIÈCLE

L'Abbé Prévost

LES CONTEURS DU XVIIIe SIÈCLE

Nouvelle Collection illustrée à 2 fr. 50 le volume.

EN VENTE :

MEUSNIER DE QUERLON. — Psaphion ou la Courtisane de Smyrne. . . . . 1 vol.

CRÉBILLON FILS. — Le Sopha. . . . . 2 vol.

BESENVAL. — Le Spleen. . . . . 1 vol.

LA MORLIÈRE. — Angola. . . . . 1 vol.

DUCLOS. — Histoire de Madame de Luz. . . . . . 1 vol.

CAYLUS. — Histoire de M. Guillaume, cocher. . . 1 vol.

L'ABBÉ PRÉVOST. — Histoire d'une Grecque moderne. . . . . 2 vol.

L'ABBÉ PRÉVOST.— Manon Lescaut . . . . 2 vol.

DULAURENS. — Imirce, ou la fille de la Nature. . 1 vol.

SOUS PRESSE :

CHEVRIER.— Le Colporteur . . . . 1 vol.

EN PRÉPARATION :

Barrett. — Restif de la Bretonne. — Godard d'Aucourt. — Cazotte. — Voisenon. — La Clos. — Pigault-Lebrun, etc.

(Chaque ouvrage de la collection des *Conteurs du XVIIIe Siècle* est illustré du portrait de l'auteur, et de plusieurs dessins de E.-P. MILIO.)

A. F. PRÉVOST D'EXILES

LES CONTEURS DU XVIIIe SIÈCLE

L'Abbé Prévost

MANON LESCAUT

TOME I

Dessins de HÉDOUIN et de E.-P. MILIO

PARIS
LIBRAIRIE DES BIBLIOPHILES
E. FLAMMARION
26, RUE RACINE, 26

Avant-propos

Les *ouvrages que la postérité classe au rang des chefs-d'œuvre ne sont pas toujours ceux pour qui les écrivains ont marqué leur prédilection. Nous en trouvons des exemples bien frappants dans les deux plus charmants romans d'amour qu'ait produits notre littérature :* Paul et Virginie *et* Manon Lescaut, *qui, entre autres points de ressemblance, présentent celui d'avoir eu une destinée analogue. En effet, ni Bernardin de Saint-Pierre lorsqu'il glissait timidement* ce faible essai, *suivant son expression, à la suite de ses* Études de la Nature ; *ni l'abbé Prévost quand il écrivit au courant de la plume ce dernier épisode, uniquement pour ajouter un septième volume aux* Mémoires d'un homme de qualité, *ne se doutaient que c'était à ces petites œuvres qu'ils devraient l'immortalité.*

Le succès de Manon Lescaut *fut immense et dépassa toutes les prévisions. Aujourd'hui même, après un siècle et demi d'admiration, l'on n'est pas encore revenu de la surprise causée par une œuvre aussi inattendue ; on est toujours tenté de se demander comment, au milieu de l'obscur fatras qui compose le volumineux bagage littéraire de l'abbé Prévost, a pu luire tout à coup cette merveilleuse conception, éclose spontanément dans le cerveau de l'auteur, sans travail, sans étude, sans recherche. Mais c'est précisément dans les conditions où elle s'est produite que se trouve la raison de sa supériorité. En traçant rapidement cet épisode négligemment ajouté par lui à un sujet qu'il regardait comme épuisé, il dédaigna d'entrer dans les complications d'intrigues et dans les recherches de style qui étaient le défaut de son époque. Il fit vite, il fit simple, il fit vrai, et il se trouva avoir produit un chef-d'œuvre. Écoutons-le, d'ailleurs, nous indiquer lui-même dans* LE POUR ET LE CONTRE, *recueil périodique qu'il publia de* 1733 *à* 1740, *les qualités qui ont valu à son roman un succès aussi inespéré : « Il n'y a, dit-il, ni jargon, ni affectation, ni réflexions sophistiques : c'est la nature même qui écrit...... Ce n'est partout que peintures et sentiments, mais des peintures vraies et des sentiments naturels. » Toute production de l'esprit sur laquelle on pourra porter sans conteste un semblable jugement sera un chef-d'œuvre, et aura une fortune semblable à celle de* MANON LESCAUT.

Le succès de ce roman eut pour effet d'en multiplier prodigieusement les reproductions et les contrefaçons, exécutées toutes avec la même négligence typographique, et qui ne doivent inspirer que méfiance aux bibliophiles. Ce n'est pas néanmoins à l'édition originale qu'il faut se reporter pour avoir le véritable texte de MANON LESCAUT, *mais à celle de* 1753, *corrigée et augmentée par l'auteur ; nous l'avons suivie dans notre réimpression. En examinant l'accentuation avec un grand soin, nous y avons démêlé une sorte de règle, trop souvent confirmée, il est vrai, par des exceptions, mais à laquelle nous avons ramené tout l'ouvrage.*

Les ravissantes vignettes de MM. Hédouin et E.-P. Milio, composées avec autant d'originalité que d'intelligence du sujet, donneront un charme particulier à cette nouvelle édition du chef-d'œuvre de l'abbé Prévost.

MANON LESCAUT

ET

L'ABBÉ PRÉVOST

I

CETTE fille qui se barbouillait de blanc et de rouge, qui se peignait la figure, les mains et les seins comme les comédiennes de son temps, qui vivait dans l'orgie diurne et nocturne sans jamais prendre un bain d'air vif, elle est aujourd'hui dans l'immortelle fraîcheur des chefs-d'œuvre. Par sa mort poétique comme par le génie du romancier, elle a son droit d'asile dans le sanctuaire de l'art, à côté des figures amoureuses créées par Dante, Shakespeare et Gœthe.

Belle histoire que celle qui raconterait comment les livres immortels se sont faits! Les premières inspirations et leurs éblouissements, les routes choisies, les heures rapides du travail, les fatigues et les découragements, l'ardeur renaissante, enfin les dernières pages où l'homme de génie répand son âme!

Qui donc, si ce n'est Manon elle-même, a inspiré cette adorable création à l'abbé Prévost? Ce qu'il écrivait dans ses livres, la passion l'écrivait dans son cœur.

Quelle physionomie poétique, romanesque, invraisemblable, que la sienne! Trois fois jésuite, deux fois soldat, longtemps exilé, toujours amoureux, soit dans les marais de la Hollande, soit dans les brumes de l'Angleterre, dans la cellule du cloître ou dans les cabarets de Paris. Il est emporté par toutes les illusions du cœur et de l'esprit, écrivant *Le Pour et le Contre*, sans prendre parti ni pour ni contre, vivant de temps perdu sans avoir le luxe du temps perdu, signant un chef-d'œuvre sans le savoir, croyant que son œuvre n'est pas là, comme Voltaire qui ne daignait pas signer *Candide* et qui croyait à ses tragédies; enfin, après toutes les aventures et les mésaventures, assassiné sur la grande route par un médecin qui voulait le sauver. Il a beaucoup écrit de romans et de voyages : quel roman et quel voyage que sa vie! Il ne se posséda jamais, parce qu'il manqua de force d'âme et de point d'appui. Les tourbillons de Descartes ne sont rien devant les tourbillons de l'abbé Prévost. Aussi que de naufrages! naufrages du cœur, naufrages d'argent, naufrages de foi, naufrages de renommée, car ce ne fut qu'après sa mort que son chef-d'œuvre, ce léger esquif, conduit par Des Grieux et Manon, porta la gloire sur le rivage inespéré.

Si Manon Lescaut a vécu d'une vie mortelle avant de vivre de la vie immortelle que lui a faite l'abbé Prévost, quel que fut le nombre de ses amants, elle en a eu bien moins que depuis sa transfiguration. Et certes, les plus passionnés ne sont pas ses contemporains, mais ceux que lui a donnés l'abbé Prévost.

Il en est ainsi de toutes les figures créées par l'imagination. A côté de la Manon Lescaut de l'abbé Prévost, n'aimez-vous pas la Marguerite de Gœthe, la Juliette de Shakespeare, l'Hélène d'Homère, toutes les grandes amoureuses de la galerie idéale?

Au XVIIIe Siècle, les abbés vivaient à Paris comme ils vivent aujourd'hui à Rome. C'étaient d'aimables païens qui ne pâlissaient pas dans l'Église; aussi les représente-t-on joufflus, l'œil ouvert, la bouche en cœur. Ils faisaient leur salut à leur manière, en allant à la cour, au bal, à l'Opéra; ils se masquaient et couraient les aventures; ils priaient Dieu après souper; ils rimaient des vers galants ou ils écrivaient des romans passionnés, témoin l'abbé de Bernis et l'abbé Prévost. Ils ne s'indignaient pas comme Bossuet, parce qu'ils trouvaient que tout était pour le mieux dans le meilleur des mondes. Les évêques ne prenaient guère la plume que pour signer leurs mandements : on connaît la réponse de Piron à l'archevêque de Paris : « Monsieur Piron, avez-vous lu mon mandement? — Non, Monseigneur, et vous? »

L'abbé Prévost, pourtant, n'était pas un sceptique; il croyait à tout : à Dieu, à son épée, à sa maîtresse, qu'il fut bénédictin, soldat ou amoureux. Plus de cœur que de tête, plus de poésie que de raison, plus de rêves que de réflexions, voilà le caractère de ces belles imaginations qui s'épanouissent dans toute leur sève et dans tout leur éclat, âmes écloses en belle saison, qui ont eu dans leurs chaudes matinées la rosée, le rayon et l'orage. Aussi dans l'histoire de l'abbé Prévost, que d'épisodes charmants, que de contrastes pittoresques, soit que le héros un beau matin d'avril s'échappe du couvent pour aller revêtir l'uniforme du mousquetaire, soit qu'il revienne, le cœur brisé par une folle passion, frapper aux portes du monastère, désormais son tombeau, le tombeau le plus triste, celui du cœur!

II

Manon Lescaut a-t-elle existé? C'est l'éternelle question que poseront toujours les lecteurs devant les héroïnes des poètes et des romanciers. Le rêve et la vie se tiennent de si près que beaucoup d'esprits supérieurs ont déclaré n'en pas connaître les limites. Où commence et où finit la vie corporelle? Le corps n'est que le point de départ de l'âme voyageuse. Depuis que les poètes et les peintres ont continué l'œuvre de Dieu par les créations de l'esprit, nous avons adoré leurs images avec la même passion que les figures corporelles. Mais Manon a une force de vie qui appartient à la vie elle-même, Manon Lescaut a existé dans le cœur plus encore que dans l'esprit de l'abbé Prévost.

Son histoire est le *roman* du romancier.

Les esprits romanesques, qui sont peut-être les vrais esprits puisque la vie est un roman, me suivront dans cette tentative périlleuse de lire dans un livre fermé : le cœur de l'abbé Prévost. Je sens que mes pieds ne touchent pas toujours la terre. Je veux saisir la réalité, et je ne saisis souvent que son ombre. J'évoque des sentiments par à peu près, mais j'arrive pourtant à plus d'un point d'appui pour refaire l'histoire de ce roman. L'abbé Prévost ne contait pas par ouï-dire, il était toujours acteur ou spectateur, on le reconnaît à chaque page. Par les journaux du temps, par les libelles, par les chansons, on le voit passer dans la vie a peu près comme on nous voit passer aujourd'hui. A force de chercher, on le retrouve, comme les plus célèbres, dans l'ombre de Voltaire, de Fontenelle, de Marivaux. Voilà pourquoi on peut croire ce que je conte ici.

Tous les hommes poursuivent ici-bas une chimère : la fortune, l'amour, la poésie ou la renommée. Les chimères ne sont pas démodées depuis l'âge d'or, et elles nous appellent encore aux dangers du naufrage. Manon est la charmeuse qui vient toujours passer sous les yeux de l'abbé Prévost, soit qu'il chante au corps de garde, soit qu'il prie dans sa cellule. Sa chimère est faite d'amour et de poésie : que lui importent la renommée et la fortune ? Manon c'est pour lui le rêve, mais c'est aussi la vie.

Dans son roman, l'abbé Prévost se met lui-même deux fois en scène. Des Grieux, c'est lui, c'est sa passion ; Tiberge, c'est lui encore, c'est sa conscience.

Gœthe n'eût pas manqué d'encadrer cette grande idée dans toutes les figures divines et infernales ; l'abbé Prévost, dans l'humilité de son génie se contente de représenter sa conscience par la figure d'un ami.

Oui, l'abbé Prévost représente tour à tour dans sa vie Des Grieux et Tiberge ; ces deux caractères de son roman peignent, avec tout l'accent de la vérité, les deux natures qui se combattaient sans relâche dans ce cœur si ardent et si faible ! Des Grieux et Tiberge, c'est l'action et la réaction, le flux et le reflux, la folie qui s'échappe au galop comme la cavale sauvage, la raison qui la saisit à la crinière et la dompte en la caressant. L'abbé Prévost n'a pu exprimer les contradictions de son cœur qu'en se peignant sous deux figures contrastantes, le bien et le mal, la passion en révolte et la conscience qui s'humilie. C'est le livre de la vie.

L'abbé Prévost a écrit son roman à Londres pendant son exil, à l'âge où l'on se souvient, à l'âge où déjà on évoque le passé. Manon Lescaut est un souvenir, un souvenir du pays, mais surtout un souvenir du cœur. La preuve est à chaque page du livre, dans la vérité du récit, dans la vérité de la passion. Un rêveur n'arrive jamais là. Gœthe a peint Marguerite et Mignon sur la toile des visionnaires, l'abbé Prévost a mis toute sa jeunesse dans *Manon Lescaut*. Les plus beaux romans sont faits par la destinée, par le hasard, par Dieu lui-même : le meilleur romancier est celui qui se souvient. La preuve est aussi à chaque page de la vie de l'abbé Prévost, qui va sans cesse de Tiberge à Des Grieux et de Des Grieux à Tiberge.

Mais voyez son histoire.

François Prévost d'Exiles était né en avril 1697, à Hesdin, dans l'Artois. Son père, procureur du roi au baillage, fut son premier maître. Il étudia bientôt sous les jésuites d'Hesdin, qui furent heureux d'avoir à leurs leçons un jeune esprit ardent et doux, plein de zèle pour l'Étude comme pour la Religion. Quand l'écolier eut quinze ans, son père l'envoya finir ses études à Paris, au Collège d'Harcourt.

Dans ce premier voyage, il rencontra cette jolie Manon, si fraîche et si vive aux débuts du roman. Vous n'avez point oublié le charmant tableau de cette première rencontre. Le procureur du roi au baillage voulait faire de son fils un abbé; les parents de Manon l'envoyaient à Amiens pour y être religieuse. Mais voilà que le futur abbé rencontre la future religieuse. Ce sont bien là les jeux de la destinée. L'écolier s'avança timidement vers celle qui était déjà « la maîtresse de son cœur », elle voulut bien remettre au lendemain son entrée au couvent, afin d'avoir le plaisir de souper avec celui qui parlait si bien de la tyrannie des parents et du bonheur d'aimer.

Que de fois l'abbé Prévost, dans son journal et dans ses lettres, parle de la vérité de son récit! « Rien n'est plus exact et plus fidèle que cette narration; je dis fidèle, jusque dans la relation des réflexions et des sentiments. » Tout est romanesque, mais tout est simple. Relisons les premières pages : Des Grieux se promène avec Tiberge, arrive le coche d'Arras, naturellement la curiosité les conduit à l'hôtellerie où descendent les voyageurs. Manon apparaît à Des Grieux; elle est si charmante que cet adolescent qui jusque-là n'a jamais regardé une femme en face, « s'enflamme jusqu'aux transports »; il ose lui parler; elle lui apprend qu'elle va se faire religieuse: « L'amour me rendait déja si éclairé, depuis un moment qu'il était dans mon cœur, que je regardais ce dessein comme un coup mortel pour mes désirs. » Manon lui dit que c'était la volonté du Ciel, et Des Grieux destiné lui-même à la vie religieuse se met à combattre contre Dieu; on sait le reste. Dieu pour lui, c'est Manon; Dieu, pour elle c'est Des Grieux. Aussi Des Grieux enlève Manon, si ce n'est Manon qui enlève Des Grieux. Tout cela est fait et dit à l'emporte-pièce; pas un mot de trop, mais pas un mot de moins. Pendant l'enlèvement « nos postillons et nos hôtes nous regardaient avec admiration ». Je le crois bien, des amoureux si amoureux, des amoureux si beaux et si jeunes. Aussi, qui donc songera à s'émouvoir si à Saint-Denis ils oublient leurs projets de mariage, car il paraît qu'ils en avaient parlé? « Nous fraudâmes les droits de l'Église, et nous nous trouvâmes époux sans y avoir fait réflexion. » Et quelle lune de miel! Mais au dernier quartier, trois semaines après, un croissant fatal toucha le front de Des Grieux: Manon avait déjà rencontré un fermier général. Et Des Grieux pleura toutes ses larmes. Comme on sent bien que ces larmes-là sont versées par l'abbé Prévost!

Cependant l'abbé Prévost arriva au collège

d'Harcourt, mais dans quel couvent alla se perdre Manon?

Les jésuites, émerveillés de l'intelligence de Prévost, de sa douceur, du charme de sa figure, le caressèrent et le décidèrent au noviciat. Son cœur battait sans doute au souvenir de Manon. Cette image si fraîche et si souriante lui apparaissait à la porte du monde. Mais Dieu parlait plus haut que Manon. Cependant un matin, à peine avait-il seize ans, accoudé sur un in-folio, il entend la vitre qui résonne aux battements d'ailes d'un oiseau. C'était une hirondelle qui se trompait de fenêtre pour bâtir son nid.

Il n'en fallut pas davantage pour changer la vie du studieux écolier; il ouvrit la fenêtre : au-dessus des toits, il vit le ciel, le soleil, un bouquet d'arbres que le vent agitait. Il se remit à étudier; mais la cellule où il était lui parut tout d'un coup si triste, si sombre, si désolée, qu'il s'enfuit comme l'hirondelle — vers les printemps!

Quand il se vit dans la rue, il se demanda où il allait, avec un peu d'effroi, en songeant à la sévère figure de son père. Il se dit qu'il n'oserait jamais le revoir ; il n'osa même pas lui écrire. Chercha-t-il Manon dans ce dédale des passions humaines qu'on appelle Paris? Il ne l'a pas dit; il est permis de douter qu'il ait été fidèle au souvenir de ce premier amour. Dans sa soudaine échappée, s'il avait retrouvé celle qu'il appelait Mlle Lescaut, comme il eût éprouvé avec délices « la douceur de se laisser vaincre » ! car il se croyait encore tout à Dieu.

On voit que chez Prévost le roman de la vie commence de bonne heure. On n'a pas le mot à mot de cette page de sa jeunesse. On sait seulement qu'après quelques jours de poétique vagabondage dans Paris, il s'enrôla comme simple volontaire, espérant faire son chemin dans l'armée. Il se conduisit vaillamment, mais ne fit pas fortune. Il assista aux dernières batailles de Louis XIV. Il vit finir la guerre sans espoir de gagner un grade; ne voulant pas, dans son ardeur pétulante, rester soldat durant la paix, il courut s'enfermer à La Flèche, chez les Pères jésuites. Il voulait déjà renoncer aux séductions et aux vanités du monde.

Touché des remontrances de son père, croyant entendre Dieu qui parlait à son cœur, il jura de vivre désormais dans la solitude d'un cloître. Tant que l'hiver dura, il se complut dans cette vie de travail et de contemplation. Les tristesses de novembre, les neiges de janvier achevèrent de le fortifier dans ces sages résolutions; il voulait savourer longtemps les austères voluptés, les lis sans parfum cueillis au pied de la croix. Mais revint le printemps. « Je suis perdu ! » s'écria Prévost au premier rayon de soleil qui tomba sur son front. Les hirondelles étaient revenues! Il alla se confesser au directeur : « Mon père, voilà encore mon cœur qui s'ouvre aux séductions du monde. Sauvez-moi, empêchez-moi d'entendre toutes ces joies trompeuses qui m'appellent à ma perte. Je veux vivre avec vous, vivre pour Dieu, dans les voies sacrées où vous marchez. »

Après cette confession, Prévost s'engagea par serment dans l'ordre des Pères jésuites. Durant quelques jours, une ferv eur renaissante enflamma son cœur et son esprit; il composa une ode à saint François-Xavier; mais l'ode fut à peine rimée que cette belle ferveur s'évanouit. « Je reconnus que ce cœur si vif était encore brûlant sous la cendre. Mes livres étaient des amis, mais ils étaient morts comme moi ». L'image de Manon était revenue flotter sous ses yeux, comme une fée qui promet les enchantements ; il avait entendu la voix de cette charmeuse perdue dans les écueils. Elle lui criait : « Viens! viens! viens! » Il se jetait à genoux, il appuyait son front sur le marbre de l'autel, il voulait éteindre sa lèvre sur la croix; mais qu'avait-il rencontré, le rêveur profane? La lèvre fraîche et parfumée de Manon. « Non, s'écria-t-il, non, je ne suis pas né pour prier, mais pour aimer ; l'ombre du cloître est un manteau de plomb trop lourd pour mes épaules. O mon Dieu! accordez-moi un peu de soleil et un peu d'amour : ce n'est point un suaire qu'il faut sur mon cœur, c'est un cœur qui bat (1). »

Et, disant ces mots, il voyait s'avancer vers lui, dans toute la grâce et dans tout l'attrait de ses seize ans, cette fraîche beauté qui avait soupé avec lui à Amiens et *fraudé les droits de l'Église* à Saint-Denis. « Je la retrouverai ! » dit-il en tendant les bras. Il était dans la cour de l'abbaye. Voyant la porte ouverte, il partit sans avertir personne. Une seconde fois il quitta Dieu pour le monde.

Il avait appris pendant sa première campagne que Manon ne suivait pas mieux que lui le vœu de ses parents ; un soldat d'Amiens lui dit que cette jolie fille était toujours à Paris, vivant sur le capital et sur les revenus de sa beauté. Prévost courut à Paris. Que n'eût-il pas donné pour la revoir, dût-il la reperdre aussitôt, cette charmante créature toute de séduction et de perversité, qu'il avait embellie encore dans sa poétique imagination ? La retrouva-t-il parmi toutes celles qu'il a si bien peintes dans « les Soupers de Paris » (2) ? Il reprit du service pour

1. « Je n'étais nullement propre à l'état monastique, et tous ceux qui ont eu le secret de ma vocation n'en ont jamais bien auguré. »

2. Ne la reconnaît-on pas parmi les demoiselles X, XI, XII et XIII dans un souper à la petite maison du Chevalier*** ? Mlle XIII ressemble furieusement à Manon par « la magie des yeux d'où se répandaient mille charmes », par cette bouche entr'ouverte « pour montrer ces dents si petites et si blanches », par ce « front étroit où les cheveux étaient

vivre à sa guise « des hasards de l'amour ». Ne faudrait-il pas dire : des amours de hasard? Cette fois, grâce à quelque protection, il partit pour la guerre avec un grade. Ce fut la période de sa vie la plus romanesque, la plus aventureuse, la plus singulière.

On a conservé quelques pages et quelques lettres de lui sur sa vie de soldat. « Quatre années se passèrent à ce métier des armes. Vif et sensible au plaisir, j'avouerai, dans les termes de M. de Cambrai, que la sagesse demandait bien des précautions qui m'échappèrent. Je laisse à juger quels devaient être, depuis l'âge de vingt à vingt-cinq ans, le cœur et les sentiments d'un homme qui a composé le *Cléveland* à trente-cinq ou trente-six ans ».

Longtemps, en vain, il chercha Manon; Manon, la seule qui ait charmé ses yeux et parlé à son âme. Ne pouvant la trouver, il tente de se tromper lui-même : l'une sourit comme Manon, l'autre en a tous les dehors; mais il a beau s'aveugler et s'étourdir, son cœur ne veut pas les reconnaître, tous ces méchants portraits qui ne rappellent la figure aimée que pour la faire regretter davantage. En vain il veut abuser son cœur : on n'abuse pas la passion.

placés divinement », par ces tempes expressives « où serpentaient deux belles veines », par ces mains « enfantines qu'on « aurait cru volées à quelque statue de l'Amour ». (*Lettre au prince de Conti.*)

Un jour, il n'y pensait plus, tant il était emporté par le courant des folles aventures, il soupait au célèbre cabaret de la Cornemuse en joyeuse compagnie; dans la salle voisine on soupait plus bruyamment encore. Il écoute les éclats de rire, les gais propos, les refrains gaulois; il se lève de table, s'approche de la porte et jette un regard surpris sur ce spectacle animé.

Parmi les trois ou quatre femmes qui trinquaient et chantaient, dans les fumées du vin de Champagne, il en voit une plus belle et non moins folle que les autres. « C'est elle! » s'écrie-t-il pâle et frappé au cœur. Il entre résolument, l'épée à la main, prêt à tout. Les hommes étaient ivres au point qu'ils ne s'occupèrent pas de lui. « C'est toi! c'est vous? » dit-il en s'arrêtant devant celle qu'il cherchait depuis si longtemps. La belle fille se mit à rire aux éclats. « J'en connais plus d'un, répondit-elle; mais pour vous, je ne vous connais pas. — Ah! tu ne me connais pas? dit-il en l'entraînant dans le fond de la salle. Et pourtant je t'ai aimée et plus que ma vie, je t'ai aimée au pied de la croix, au champ de bataille, partout où j'ai porté mon cœur! Ah! tu ne me reconnais pas! et moi je pleure en te retrouvant. — Vous pleurez? murmura-t-elle de l'air d'une femme qui n'est pas habituée aux larmes. A présent, poursuivit-elle tristement, je vous connais; vous n'êtes plus un enfant aujourd'hui: une épée et des moustaches! — Je ne vous quitte pas, reprit-il en l'appuyant sur son cœur; je vous suivrai partout, fût-ce au bout du monde; mais tu ne demeures pas si loin. Où demeures-tu? » Elle baissa la tête et répondit d'une voix mourante : « Où vous voudrez ».

Prévost pensa qu'elle n'était plus comme il l'avait rêvée. « Mais qu'importe ce qu'elle est? Je la retrouve, et je l'aime! » Il l'emmena sans obstacle. Il passa plus d'une année avec elle dans tous les enchantements, dans toutes les angoisses d'un pareil amour. Il lui fallait veiller sur sa maîtresse l'épée à la main; mais il lui fallait aussi fermer les yeux : la question d'argent le forçait souvent à s'effacer dans l'ombre d'un plus riche (1). Elle l'aimait, mais elle ne répondait pas d'elle, car elle avait pris l'habitude de vivre sans autre souci que le plaisir. Or, pour elle, le plaisir c'était l'amour les mains pleines d'or. L'abbé Prévost eut beau faire, elle lui échappa. Les maîtresses sont des oiseaux qui, un beau matin, s'envolent par la fenêtre pour aller chanter ailleurs. En voyant la cage déserte Prévost tendit les bras avec douleur. « Adieu!

1. On a des vers de lui à sa maîtresse où je remarque celui-ci :

Je ne veux de toi que ton cœur!

C'est plutôt Manon qui lui dit cela, à celui qui fut « l'amant de cœur ».

dit-il en pleurant; adieu! cruelle, je n'ai plus qu'à mourir! »

Et il alla « mourir » chez les bénédictins de Saint-Maur. « Ce triste dénouement me conduisit au tombeau; c'est le nom que je donne à l'ordre respectable où j'allai m'ensevelir, et où je demeurai quelque temps si bien mort que mes amis et mes parents ignorèrent ce que j'étais devenu. » Ne croyez pas qu'il oubliât sa maîtresse dans son refuge. Cette coureuse d'abîmes qui l'avait entraîné en plus d'un naufrage, chantait toujours la chanson de la jeunesse à ce cœur faible, habité par le souvenir. Les pieuses lectures, les sévères austérités, les extases de la prière, ne pouvaient le détacher de cette image adorée.

Il n'avait que vingt-quatre ans; il se tint ferme jusqu'à trente à la planche de salut du cloître. Il écrivait alors: « Je connais la faiblesse de mon cœur, il faut que je veille sans cesse. Je n'aperçois que trop de quoi je redeviendrais capable, si je perdais un moment de vue la grande règle, ou même si je regardais avec la moindre complaisance certaine image qui ne se présente que trop souvent à mon esprit, et qui n'aurait encore que trop de forces pour me séduire, quoiqu'elle soit à demi effacée. Qu'il en coûte à combattre pour la victoire, quand on a trouvé longtemps de la douceur à se laisser vaincre! »

Pour abuser encore son cœur, il se jeta dans les disputes théologiques et dans les ardeurs de l'étude. Il passa dans toutes les maisons de l'ordre : à Saint-Ouen de Rouen, à l'abbaye du Bec, à Saint-Germer, à Évreux.

Ce fut d'abord à Évreux qu'il révéla son éloquence chrétienne; aussi toute la belle compagnie de la ville et des châteaux voisins se donna bientôt rendez-vous dans la cathédrale comme à une fête mondaine. L'abbé Prévost, déjà brisé à tout, avait dans son onction je ne sais quelle grâce cavalière que lui avaient donnée ses aventures amoureuses et ses stations chez les mousquetaires. Il faisait adorer Dieu, mais on l'aimait beaucoup par-dessus le marché; « on n'avait jamais vu une si grande ferveur dans cette cathédrale ». Toutes les femmes pleurèrent quand il quitta Évreux pour venir aux Blancs-Manteaux de Paris. Aux Blancs-Manteaux il ne fit que passer pour prendre pied à la célèbre abbaye de Saint-Germain-des-Prés. On sait que c'était la véritable académie religieuse. Il fut caressé par tous les bénédictins, qui lui donnèrent une plume ou plutôt qui prirent la sienne pour travailler à la *Gaule chrétienne*. On lui doit tout un in-folio de ce recueil savant. Les bénédictins, du reste, étaient des gens du monde; aussi lui fut-il permis de se distraire de la science historique par l'imagination romanesque. Ce fut alors qu'il écrivit les deux premiers volumes des *Mémoires d'un homme de qualité.* Il était beau conteur; après l'avoir écouté on voulut le lire. Son roman fit fortune à l'abbaye pendant les longues soirées d'hiver; « on raconte que les bons pères, quand il contait ses romans, perdirent si bien le goût du sommeil que l'aurore les surprit un jour écoutant dom Prévost (1) ».

Ainsi il croyait oublier, « mais que pouvait-il me servir de vaincre, puisque chaque jour le combat se renouvelait contre mes passions mutinées? » Aussi une troisième fois devait-il donner le scandale de briser sa chaîne. « Il sortit de Saint-Germain, ses amis l'attendaient au jardin du Luxembourg, où ils le dépouillèrent de ses habits monastiques. » Il passa le reste de la journée et une partie de la nuit à se réjouir avec eux; mais le lendemain il eut peur du scandale, il s'enfuit avec ses manuscrits en Hollande, d'où il passa en Angleterre, pour retourner

1. C'était un plaisir trop doux, qu'il ne refusait ni à lui ni aux autres; il fut réprimandé. Ne s'avouant pas qu'il voulait sortir encore une fois de la cellule, l'abbé Prévost demanda « sa translation dans une branche moins rigide de l'ordre » : il lui fallait un peu de liberté, sinon la liberté pleine et entière. Comptant sur sa demande, il s'échappa un matin par provision de Saint-Germain-des-Prés; le bref qu'il attendait ne fut pas fulminé : craignant les suites de cette troisième désertion, qui était plus sérieuse que les autres, il s'enfuit en Hollande, résolu de vivre désormais où il plairait à Dieu, confiant dans son esprit et dans son étoile.

encore en Hollande. Ce fut là qu'il publia les *Mémoires d'un homme de qualité*. On cria à la bizarrerie. « Eh! mon Dieu, dit-il, tout cela est bien moins romanesque et moins étrange que ma vie. Il y a quinze ans que je suis embrouillé dans mon propre roman. » Et il répétait le vers de Boileau. Aussi son historiographe dit-il avec raison : « Il a consacré sa vie à écrire des aventures imaginaires presque aussi incroyables que les siennes. »

C'est à cette date qu'il faut marquer un voyage incognito à Paris, où d'ailleurs il avait reconquis droit de cité. Venait-il se hasarder encore à ces voluptés des passions dont il avait gardé la saveur sur ses lèvres, car il ne se plaignit jamais que l'amour lui fut amer? Revit-il encore Manon, qui, certes alors était une fille à la mode facile à découvrir dans le monde des soupeurs, des désœuvrés et des joueurs? Assista-t-il à cette déchéance de la courtisane qui, dans tous ses amants, n'avait pas trouvé un seul ami sérieux pour la sauver de Saint-Lazare ou des Madelonnettes un jour de maladie ou d'esclandre?

Peut-être l'abbé Prévost joua-t-il un peu le rôle de Des Grieux dans les stations de son martyre de Paris au Havre, quand il accompagnait à cheval sa « chère maîtresse », parmi ces douze filles abandonnées que la fatale charrette allait jeter hors de France. On se rappelle que le roman commence par cette vraie scène d'un chef-d'œuvre; il y a là six pages qui sont la plus vive peinture des choses et des sentiments. Quand le marquis de ***, étonné d'un désordre inaccoutumé dans une petite ville de Normandie, demande à un archer : « Pourquoi tout ce bruit? — Ce n'est rien, Monsieur ; c'est une douzaine de femmes publiques que je conduis jusqu'au Havre-de-Grâce. » Et parmi ces douze filles « enchaînées six à six par le milieu du corps », il y en avait une qui avait gardé toute sa beauté et tout son charme, c'était Manon Lescaut. Tout est tableau dans cette rencontre : « l'effort si naturel » que fait Manon pour se cacher; Des Grieux qui pleure dans un coin, tout enseveli dans son désespoir; les archers qui font gaiement leur besogne et qui ont le mot pour rire, comme par exemple celui qui dit : « Nous avons tiré Manon de l'hôpital par ordre de M. le lieutenant général de Police. Il n'y a point d'apparence qu'elle y eût été renfermée pour de bonnes actions. »

Mais pourquoi donner la copie, par un coup de crayon, d'une scène si merveilleusement peinte? Quiconque a lu ces six pages les gardera toute sa vie gravées à l'eau-forte dans sa mémoire. Je ne la rappelle que pour me demander si celui qui pleure dans un coin n'est pas l'abbé Prévost lui-même, retrouvant Manon quand il est trop tard pour la sauver. Et alors, après un éternel adieu, le romancier s'est substitué à l'amant : par l'imagination seulement il l'a accompagnée en Amérique, et il l'a enterrée de ses mains dans le sable du désert, comprenant que c'en était fait de l'amour et de la jeunesse. Voilà pourquoi le livre a une fin digne de son commencement; nul romancier n'a si bien trouvé, peut-être parce que nul romancier n'a si bien aimé.

Cependant, comme a dit Chamfort, il faut que le cœur se brise ou se bronze. On vit de tout, même de son chagrin, même de sa plume. Les *Mémoires d'un homme de qualité* donnèrent à l'abbé Prévost de quoi vivre quelque temps. Le succès surpassa ses espérances. Pour donner plus de prix à une seconde édition de ce livre, il songea à y joindre, en forme d'épisodes, quelque nouvelle histoire ; il chercha un sujet, un héros, une héroïne, un commencement et une fin. L'image de sa « chère maîtresse » ne lui souriait-elle pas à travers ses larmes ? Plus il s'en éloignait, et plus elle s'embellissait de teintes poétiques : le souvenir a des prismes sans nombre et ne garde que le côté charmant des tableaux de l'amour.

C'était une héroïne toute trouvée, une figure adorée qu'il allait peindre avec amour. Pour le héros, il n'avait qu'à se peindre lui-même. Un peu d'imagination pour mettre en scène et colorer la vérité dans le tableau de la vie intime du XVIIIe Siècle, et voilà le roman, et voilà le chef-d'œuvre.

Il prit son œuvre au sérieux : il y mit son cœur et ses larmes. Le livre achevé, il ne l'oublia pas comme les autres ; il l'aimait et le consultait en ses jours de tristesse, comme nous consultons un ami qui sait notre plus cher secret. Entre autres preuves de cet amour de l'écrivain pour son œuvre, on peut voir la critique que l'abbé Prévost fit lui-même de *Manon Lescaut* dans son journal *Le Pour et le Contre*. « Ce n'est partout que peintures et sentiments, mais des peintures vraies et des sentiments naturels. Je ne dis rien du style, c'est la nature même qui parle ».

L'abbé Prévost eut certes d'autres passions ; mais non plus de ces adorables passions de jeunesse qui ont l'emportement des chevaux de race. On a beaucoup parlé de ses amours en Hollande avec une demoiselle protestante, ce qui fut un double scandale, scandale de religion et scandale de mœurs. La protestante le voulait convertir deux fois ; il traversa tous les orages et toutes les satires. L'abbé Lenglet-Dufresnoy, au tome II de sa *Bibliothèque des romans*, le malmène beaucoup à propos de cet amour ; il l'accuse d'avoir enlevé une protestante, tandis que l'abbé Desfontaines l'accuse de s'être laissé enlever. Il y a peut-être du vrai dans les deux critiques : celui qui enlève une femme n'est pas bien sûr de n'avoir pas été enlevé. Quoi qu'il en soit, les autres passions de l'abbé Prévost n'eurent plus le charme des *juvenilia*. Que de fois il a dû s'écrier avec ses autres maîtresses : « O Manon, où es-tu? »

III

Pourquoi ne pas s'arrêter à cette physionomie si poétique d'un pareil portrait littéraire? Pourquoi chercher l'abbé Prévost ailleurs qu'en cette œuvre immortelle? Tout l'abbé Prévost est là; tout son génie, tout son cœur. A quoi bon le suivre dans ses autres romans et dans ses autres années? Ce serait le peindre moins aimable, écrivant toujours, mais sans amour et sans rêverie. Pourquoi vous dire qu'il tomba frappé d'apoplexie en traversant la forêt de Chantilly? Pourtant sa destinée fut étrange jusqu'à la fin : un médecin de village lui donna un coup de scalpel par amour de la science : l'abbé Prévost, qui n'était qu'en léthargie, se réveilla pour assister à sa mort.

Quel dénouement pour un romancier! Trois heures d'agonie devant son assassin. Fut-ce par pressentiment qu'il avait dit dans son journal : « Les médecins ont tué plus d'hommes qu'ils n'en ont sauvé. »

Je rappellerai pourtant encore un « battement de cœur » de l'abbé Prévost.

Paris a cela de triste que, dans les hasards de ses mille rues, on rencontre mille fois la figure qu'on fuit, et jamais la figure aimée. Que de fois, en vain, on a poursuivi dans le désert bruyant et enfumé de la grande ville le souvenir vivant d'un amour de printemps!

Dans la préface de la *Suite de l'Histoire de Manon Lescaut et du chevalier Des Grieux* (1), on raconte que l'abbé Prévost, à son retour de Paris, après six ans d'exil, après le succès de *Manon Lescaut*, rencontra sur le Pont-Neuf, par un

1. Avant la découverte de la *Suite de l'Histoire de Manon Lescaut*, un romancier qui a tenté les nouveaux horizons dans les pays imaginaires, M. Arnould Frémy, a peint avec passion les sentiments de Des Grieux à son retour en France. C'est une lamentable élégie qu'il va pleurer au bord de la mer, là où s'est embarquée Manon, ou dans son château, en feuilletant le doux et triste chapitre des souvenirs. M. Arnould Frémy avait trouvé des accents dignes de l'abbé Prévost.

Et maintenant, qui a écrit les livres III, IV et V de *Manon Lescaut*? On a dit que l'abbé Prévost, étonné lui-même du succès des livres I et II, n'eut pas le courage de résister au plaisir de vivre quelques jours de plus dans ses illusions. Voilà pourquoi il ressuscita Manon. Il ne paraît pas que le succès de la seconde partie ait été égal au premier, puisque le livre publié à Amsterdam un an après ne fut jamais réimprimé au XVIIIe Siècle. L'abbé Prévost se jugea lui-même: il comprit que, quoique la seconde partie eût encore le souffle de la passion, elle ne pouvait que dépoétiser celle qui s'était repentie à force d'amour dans les sables du désert.

Sainte-Beuve s'était fort intéressé à la suite de *Manon Lescaut*.

grand vent d'automne, une figure bien-aimée, non pas celle sans doute qu'il avait pieusement enterrée dans les savanes de la Louisiane.

L'abbé Prévost accompagnait une dame de ses amies, sans doute une passion plus calme. Tout d'un coup l'ancienne maîtresse passe vivement sans le reconnaître. Mal vêtue, surtout pour la saison, elle avait toutes les peines du monde à se défendre des coups de vent. L'abbé Prévost la reconnut rien qu'à la voir marcher, quoique les années fussent venues plus vite encore pour elle que pour lui. Pâle et défaite, ayant subi, comme il dit quelque part,

« A première vue, écrivait-il, on dit : Ce n'est pas de l'abbé Prévost; mais on se demande aussitôt : Qui donc a pu faire cela? Il y a tant d'or pur et tant d'or faux dans les *Mémoires d'un homme de qualité*; l'abbé Prévost ressemble si peu à l'abbé Prévost, qu'il y a tout à parier que Planche tout le premier s'y tromperait. Après cela, mon cher ami, n'est-ce pas le lot des critiques de se tromper? »

Le lecteur se demandera à quoi bon avoir ressuscité Manon pour ne pas faire le bonheur de Des Grieux?

C'est que quiconque a été mordu au cœur par l'ardente passion ne s'acclimatera pas aux joies sereines et sérieuses de la solitude. L'amour de Des Grieux pour Manon, c'était la fièvre, la folie, le jeu, le mouvement, le tapage, l'imprévu. La fièvre tombée, l'amour tombait aussi. Et, sans l'amour, il n'y avait plus que le regret. La conscience était là, qui dessinait d'une main implacable le tableau des folies passées.

La conclusion est amère : Tiberge égaré à son tour et trahissant son ami!

La morale de tout ceci, c'est qu'il est absurde de vouloir continuer un rêve quand on est réveillé.

les ravages du temps et de l'amour, elle était toujours jolie, du moins aux yeux de son amant.

Dès qu'il la reconnut, il fit un pas vers elle avec un battement de cœur terrible. « Qu'avez-vous donc ? » lui demanda la dame qui l'accompagnait.

Depuis un instant il avait oublié celle-ci. Il s'arrêta avec désespoir, jetant un regard désolé sur cette autre volage, charmante et malheureuse fille, qui fuyait avec le vent, pour aller il ne savait où, ni elle non plus, peut-être. Que n'eût-il pas donné pour se jeter dans ses bras et savoir d'elle-même si elle s'était souvenue de lui et si elle voulait s'en souvenir encore !

Pourquoi n'eut-il pas ce jour-là la force ou le courage de sa passion ? Sans doute il n'osa pas faire ainsi un tableau de genre devant tous les passants du Pont-Neuf. Peut-être l'heure de la sagesse avait-elle enfin sonné pour celui qui avait si longtemps combattu ; peut-être enfin ne voulait-il retrouver cette figure aimée que pour la reperdre aussitôt, après lui avoir encore une fois ouvert son cœur : pareil à ceux qui vont revoir le pays natal avec d'amères délices, mais qui n'y veulent pas demeurer.

IV

Manon a fait la douleur et l'immortalité de son amant-poète, mais n'a-t-elle pas empêché d'apercevoir tant de sœurs charmantes et attendries que l'abbé Prévost lui avait données dans le cadre de ces belles histoires : *La jeune Grecque, Cléveland* et *Le Doyen Killerine*? N'a-t-elle pas empêché avec ses échelles de rubans et les feux de ses diamants, larmes cristallisées, d'admirer le bénédictin dans sa cellule, travaillant pour sa bonne part à cette œuvre immense de la *Gallia christiana*? N'a-t-elle pas empêché de saluer le journaliste encyclopédique, toujours prêt aux aventures de la lutte quotidienne, et voyageant dans *l'Histoire des voyages*, quand il n'a pas assez d'argent pour fréter le vaisseau des passions?

On a tenté un parallèle entre Marion Delorme et Manon Lescaut; on a dit que Marion Delorme était l'image que l'abbé Prévost avait voulu peindre : on s'est trompé. Marion Delorme savait toujours ce qu'elle faisait, Manon Lescaut jamais; la première écoutait sa vanité, la seconde n'écoutait que son caprice; la maîtresse de Cinq-Mars cherchait « le soleil de la cour », l'amante de Des Grieux allait vaille que vaille à tous les horizons de l'amour. Manon

Lescaut, par sa mort poétique, est plus près, peut-être, de Virginie que de Marion. Au XVIIIe Siècle, la grande nature des tropiques était pour les poètes ce que l'Orient est pour nous, une zone idéale où l'on promène les plus belles rêveries. Bernardin de Saint-Pierre fait naître son héroïne dans un pays pareil à celui où l'abbé Prévost fait mourir la sienne. Ces deux romans se tiennent par la même poésie de l'amour et du paysage. Virginie, qui meurt dans toute sa pureté, est pourtant, de par la passion, la sœur de Manon Lescaut, qui meurt sous sa couronne de roses profanées, mais qui se sauve à force d'amour.

L'abbé Prévost, c'est déjà Bernardin de Saint-Pierre, c'est déjà Chateaubriand, c'est déjà René allant chercher dans le sanctuaire embaumé des savanes, auprès du tombeau d'Atala, un dictame pour son inconsolable cœur.

Ce qui a couronné l'œuvre de l'abbé Prévost, c'est ce rayon de poésie tombé du soleil des déserts sur le sable qui recouvre à jamais ce qui fut Manon Lescaut. Sans l'Océan, sans la Louisiane, sans cette douleur suprême de Des Grieux idéalisé par ce paysage qui, par le lointain, touche à l'infini, Manon ne vaudrait guère plus que toutes ces filles de Saint-Lazare qui s'en vont tous les jours et tous les soirs dans la fosse commune du cimetière et du vaudeville.

La passion de l'abbé Prévost pour son héroïne

a fait de Manon Lescaut le livre d'heures des amoureux ; son art de conter en a fait le bréviaire des romanciers.

ARSÈNE HOUSSAYE.

HISTOIRE

de

Manon Lescaut

PREMIÈRE PARTIE

Je suis obligé de faire remonter mon lecteur au temps de ma vie où je rencontrai pour la première fois le chevalier des Grieux : ce fut environ six mois avant mon départ pour l'Espagne. Quoique je sortisse rarement de ma solitude, la complaisance que j'avais pour ma fille m'engageait quelquefois à divers petits voyages, que j'abrégeais autant qu'il m'était possible.

Je revenais un jour de Rouen, où elle m'avait prié d'aller solliciter une affaire au parlement de Normandie, pour la succession de quelques terres auxquelles je lui avais laissé des prétentions du côté de mon grand père maternel. Ayant repris mon chemin par Évreux, où je couchai la première nuit, j'arrivai le lendemain pour dîner à Passy, qui en est éloigné de cinq ou six lieues. Je fus surpris, en entrant dans ce bourg, d'y voir tous les habitants en alarme; ils se précipitaient de leurs maisons pour courir en foule à la porte d'une mauvaise hôtellerie devant laquelle étaient deux chariots couverts. Les chevaux, qui étaient encore attelés et qui paraissaient fumants de fatigue et de chaleur, marquaient que ces deux voitures ne faisaient qu'arriver.

Je m'arrêtai un moment pour m'informer d'où venait le tumulte; mais je tirai peu d'éclaircissement d'une populace curieuse qui ne faisait nulle attention à mes demandes, et qui s'avançait toujours vers l'hôtellerie en se poussant avec beaucoup de confusion; enfin, un archer, revêtu d'une bandoulière et le mousquet sur l'épaule, ayant paru à la porte, je lui fis signe de la main de venir à moi; je le priai de m'apprendre le sujet de ce désordre.

« Ce n'est rien, Monsieur, me dit-il; c'est une douzaine de filles de joie que je conduis avec mes compagnons jusqu'au Hâvre-de-Grâce, où nous les ferons embarquer pour l'Amérique. Il y en a quelques-unes de jolies, et c'est apparemment ce qui excite la curiosité de ces bons paysans. »

J'aurais passé après cette explication, si je n'eusse été arrêté par les exclamations d'une vieille femme qui sortait de l'hôtellerie en joignant les mains, et criant que c'était une chose barbare, une chose qui faisait horreur et compassion.

« De quoi s'agit-il donc? lui dis-je.

— Ah! Monsieur, entrez, répondit-elle, et voyez si ce spectacle n'est pas capable de fendre le cœur! »

La curiosité me fit descendre de mon cheval, que je laissai à mon palefrenier. J'entrai avec peine en perçant la foule, et je vis en effet quelque chose d'assez touchant.

Parmi les douze filles, qui étaient enchaînées six à six par le milieu du corps, il y en avait une dont l'air et la figure étaient si peu conformes à sa condition, qu'en tout autre état je l'eusse prise pour une personne du premier rang. Sa tristesse, la saleté de son linge et de ses habits l'enlaidissaient si peu, que sa vue m'inspira du respect et de la pitié. Elle tâchait néanmoins de se tourner autant que sa chaîne pouvait le permettre, pour dérober son visage aux yeux des spectateurs; l'effort qu'elle faisait pour se cacher était si naturel, qu'il paraissait venir d'un sentiment de modestie.

Comme les six gardes qui accompagnaient cette malheureuse bande étaient aussi dans la chambre, je pris le chef en particulier, et je lui demandai quelques lumières sur le sort de cette belle fille. Il ne put m'en donner que de fort générales.

« Nous l'avons tirée de l'hôpital, me dit-il, par ordre de M. le Lieutenant général de police. Il n'y a pas d'apparence qu'elle y eût été renfermée pour de bonnes actions. Je l'ai interrogée plusieurs fois sur la route ; elle s'obstine à ne me rien répondre. Mais, quoique je n'aie pas reçu ordre de la ménager plus que les autres, je ne laisse pas d'avoir quelques égards pour elle, parce qu'il me semble qu'elle vaut un peu mieux que ses compagnes. Voilà un jeune homme, ajouta l'archer, qui pourrait vous instruire mieux que moi sur la cause de sa disgrâce : il l'a suivie depuis Paris, sans cesser presque un moment de pleurer. Il faut que ce soit son frère ou son amant. »

Je me tournai vers le coin de la chambre où ce jeune homme était assis. Il paraissait enseveli dans une rêverie profonde ; je n'ai jamais vu de plus vive image de la douleur ; il était mis fort simplement ; mais on distingue au premier coup d'œil un homme qui a de la naissance et de l'éducation. Je m'approchai de lui ; il se leva, et je découvris dans ses yeux, dans sa figure et dans tous ses mouvements, un air si fin et si noble, que je me sentis porté naturellement à lui vouloir du bien.

« Que je ne vous trouble point, lui dis-je en m'asseyant près de lui. Voulez-vous bien satisfaire la curiosité que j'ai de connaître cette belle personne, qui ne me paraît point faite pour le triste état où je la vois ? »

Il me répondit honnêtement qu'il ne pouvait m'apprendre qui elle était sans se faire connaître lui-même et qu'il avait de fortes raisons pour souhaiter de demeurer inconnu.

« Je puis vous dire néanmoins ce que ces misérables n'ignorent point, continua-t-il en montrant les archers ; c'est que je l'aime avec une passion si violente, qu'elle me rend le plus infortuné de tous les hommes. J'ai tout employé à Paris pour obtenir sa liberté ; les sollicitations, l'adresse et la force m'ont été inutiles. J'ai pris le parti de la suivre, dût-elle aller au bout du monde. Je m'embarquerai avec elle ; je passerai en Amérique. Mais ce qui est de la dernière inhumanité, ces lâches coquins, ajouta-t-il en parlant des archers, ne veulent pas me permettre d'approcher d'elle. Mon dessein était de les attaquer ouvertement à quelques lieues de Paris. Je m'étais associé quatre hommes qui m'avaient promis leur secours pour une somme considérable; les traîtres m'ont laissé seul aux mains et sont partis avec mon argent.

« L'impossibilité de réussir par la force m'a fait mettre les armes bas ; j'ai proposé aux archers de me permettre du moins de les suivre, en leur offrant de les récompenser; le désir du gain les y a fait consentir. Ils ont voulu être payés chaque fois qu'ils m'ont accordé la liberté de parler à ma maîtresse. Ma bourse s'est épuisée en peu de temps, et maintenant que je suis sans un sou, ils ont la barbarie de me repousser brutalement lorsque je fais un pas vers elle.

« Il n'y a qu'un instant, qu'ayant osé m'en approcher malgré leurs menaces, ils ont eu l'insolence de lever contre moi le bout du fusil; je suis obligé, pour satisfaire leur avarice et pour me mettre en état de continuer la route à pied, de vendre ici un mauvais cheval qui m'a servi jusqu'à présent de monture. »

Quoiqu'il parût faire assez tranquillement ce récit, il laissa tomber quelques larmes en le finissant. Cette aventure me parut des plus extraordinaires et des plus touchantes.

« Je ne vous presse pas, lui dis-je, de me découvrir le secret de vos affaires; mais si je puis vous être utile à quelque chose, je m'offre volontiers à vous rendre service.

— Hélas! reprit-il, je ne vois pas le moindre jour à l'espérance; il faut que je me soumette à toute la rigueur de mon sort. J'irai en Amérique; j'y serai du moins libre avec ce que j'aime; j'ai écrit à un de mes amis, qui me fera tenir quelques secours au Hâvre-de-Grâce. Je ne suis embarrassé que pour m'y conduire et pour procurer à cette pauvre créature, ajouta-t-il en regardant tristement sa maîtresse, quelque soulagement sur la route.

— Eh bien! lui dis-je, je vaïs finir votre embarras : voici quelque argent que je vous prie d'accepter; je suis fâché de ne pouvoir vous servir autrement. »

Je lui donnai quatre louis d'or sans que les gardes s'en aperçussent; car je jugeais bien que, s'ils lui savaient cette somme, ils lui vendraient plus chèrement leur secours. Il me vint même à l'esprit de faire marché avec eux pour obtenir au jeune amant la liberté de parler continuellement à sa maîtresse jusqu'au Hâvre. Je fis signe au chef de s'approcher, et je lui en fis la proposition. Il en parut honteux, malgré son effronterie.

« Ce n'est pas, Monsieur, répondit-il d'un air embarrassé, que nous refusions de le laisser parler à cette fille, mais il voudrait être sans cesse auprès d'elle; cela nous incommode; il est bien juste qu'il paye pour l'incommodité.

— Voyons donc, lui dis-je, ce qu'il faudrait pour vous empêcher de la sentir. »

Il eut l'audace de me demander deux louis. Je les lui donnai sur-le-champ.

« Mais prenez garde, lui dis-je, qu'il ne vous échappe quelque friponnerie, car je vais laisser mon adresse à ce jeune homme afin qu'il puisse m'en informer, et comptez que j'aurai le pouvoir de vous faire punir. »

Il m'en coûta six louis d'or.

La bonne grâce et la vive reconnaissance avec laquelle ce jeune inconnu me remercia achevèrent de me persuader qu'il était né quelque chose, et qu'il méritait ma libéralité. Je dis quelques mots à sa maîtresse avant que de sortir. Elle me répondit avec une modestie si douce et si charmante, que je ne pus m'empêcher de faire, en sortant, mille réflexions sur le caractère incompréhensible des femmes.

Étant retourné à ma solitude, je ne fus point informé de la suite de cette aventure. Il se passa près de deux ans, qui me la firent oublier tout à fait, jusqu'à ce que le hasard me fit renaître l'occasion d'en apprendre à fond toutes les circonstances.

J'arrivais de Londres à Calais avec le marquis de***, mon élève. Nous logeâmes, si je m'en souviens bien, au Lion-d'Or, où quelques raisons nous obligèrent de passer le jour entier et la nuit suivante. En marchant l'après-midi dans les rues, je crus apercevoir ce même jeune homme dont j'avais fait la rencontre à Passy. Il était en fort mauvais équipage et beaucoup plus pâle que je ne l'avais vu la première fois; il portait sur les bras un vieux porte-manteau, ne faisant qu'arriver dans la ville.

Cependant, comme il avait la physionomie trop belle pour n'être pas reconnu facilement, je le remis aussitôt.

« Il faut, dis-je au marquis, que nous abordions ce jeune homme. »

Sa joie fut plus vive que toute expression lorsqu'il m'eut remis à son tour.

« Ah! Monsieur, s'écria-t-il en me baisant la main, je puis donc encore une fois vous marquer mon éternelle reconnaissance! »

Je lui demandai d'où il venait. Il me répondit qu'il venait par mer du Hâvre-de-Grâce, où il était revenu de l'Amérique peu auparavant.

« Vous ne me paraissez pas fort bien en argent, lui dis-je : allez-vous-en au Lion-d'Or, où je suis logé; je vous rejoindrai dans un moment. »

J'y retournai en effet, plein d'impatience

d'apprendre le détail de son infortune et les circonstances de son voyage d'Amérique ; je lui fis mille caresses, et j'ordonnai qu'on ne le laissât manquer de rien. Il n'attendit point que je le pressasse de me raconter l'histoire de sa vie.

« Monsieur, me dit-il, vous en usez si noblement avec moi, que je me reprocherais comme une basse ingratitude d'avoir quelque chose de réservé pour vous. Je veux vous apprendre non-seulement mes malheurs et mes peines, mais encore mes désordres et mes plus honteuses faiblesses ; je suis sûr qu'en me condamnant vous ne pourrez pas vous empêcher de me plaindre. »

Je dois avertir ici le lecteur que j'écrivis son histoire presque aussitôt après l'avoir entendue, et qu'on peut s'assurer par conséquent que rien n'est plus exact et plus fidèle que cette narration. Je dis fidèle jusque dans la relation des réflexions et des sentiments que le jeune aventurier exprimait de la meilleure grâce du monde. Voici donc son récit, auquel je ne mêlerai jusqu'à la fin rien qui ne soit de lui.

J'avais dix-sept ans et j'achevais mes études de philosophie à Amiens, où mes parents, qui sont d'une des meilleures maisons de P***, m'avaient envoyé. Je menais une vie si sage et si réglée que mes maîtres me proposaient pour l'exemple du collège. Non que je fisse des efforts extraordinaires pour mériter cet éloge ; mais j'ai l'humeur naturellement douce et tranquille : je m'appliquais à l'étude par inclination, et l'on me comptait pour des vertus quelques marques d'aversion naturelle pour le vice. Ma naissance, le succès de mes études et quelques agréments extérieurs m'avaient fait connaître et estimer de tous les honnêtes gens de la ville.

J'achevai mes exercices publics avec une approbation si générale, que M. l'évêque qui y assistait, me proposa d'entrer dans l'état ecclésiastique, où je ne manquerais pas, disait-il, de m'attirer plus de distinction que dans l'ordre de Malte, auquel mes parents me destinaient. Ils me faisaient déjà porter la croix, avec le nom de chevalier des Grieux. Les vacances arrivant, je me préparais à retourner chez mon père, qui m'avait promis de m'envoyer bientôt à l'Académie.

Mon seul regret en quittant Amiens était d'y laisser un ami avec lequel j'avais toujours été tendrement uni. Il était de quelques années plus âgé que moi. Nous avions été élevés ensemble ; mais le bien de sa maison étant des plus médiocres, il était obligé de prendre l'état ecclésiastique et de demeurer à Amiens après moi, pour y faire les études qui conviennent à cette profession. Il avait mille bonnes qualités. Vous le connaîtrez par les meilleures, dans la suite de mon histoire, et surtout par un zèle et une générosité en amitié qui surpassent les plus célèbres exemples de l'antiquité.

Si j'eusse alors suivi ses conseils, j'aurais toujours été sage et heureux.

Si j'avais du moins profité de ses reproches, dans le précipice où mes passions m'ont entraîné, j'aurais sauvé quelque chose du naufrage de ma fortune et de ma réputation. Mais il n'a point recueilli d'autre fruit de ses soins que le chagrin de les voir inutiles, et quelquefois durement récompensés par un ingrat qui s'en offensait et qui les traitait d'importunités.

J'avais marqué le temps de mon départ d'Amiens. Hélas! que ne le marquais-je un jour plus tôt! J'aurais porté chez mon père toute mon innocence. La veille même de celui que je devais quitter cette ville, étant à me promener avec mon ami, qui s'appelait Tiberge, nous vîmes arriver le coche d'Arras, et nous le suivîmes jusqu'à l'hôtellerie où ces voitures descendent.

Nous n'avions pas d'autre motif que la curiosité. Il en sortit quelques femmes qui se retirèrent aussitôt; mais il en resta une fort jeune, qui s'arrêta seule dans la cour, pendant qu'un homme d'un âge avancé, qui paraissait lui servir de conducteur, s'empressait pour faire tirer son équipage des paniers. Elle me parut si charmante, que moi, qui n'avais jamais pensé à la différence des sexes, ni regardé une fille avec un peu d'attention, moi, dis-je, dont tout le monde admirait la sagesse et la retenue, je me trouvai enflammé tout d'un coup jusqu'au transport. J'avais le défaut d'être excessivement timide et facile à déconcerter ; mais, loin d'être arrêté alors par cette faiblesse, je m'avançai vers la maîtresse de mon cœur.

Quoiqu'elle fût encore moins âgée que moi, elle reçut mes politesses sans paraître embarrassée. Je lui demandai ce qui l'amenait à Amiens, et si elle y avait quelques personnes de connaissance. Elle me répondit ingénûment qu'elle y était envoyée par ses parents pour être religieuse. L'amour me rendait déjà si éclairé, depuis un moment qu'il était dans mon cœur, que je regardai ce dessein comme un coup mortel pour mes désirs. Je lui parlai d'une manière qui lui fit comprendre mes sentiments, car elle était bien plus expérimentée que moi : c'était malgré elle qu'on l'envoyait au couvent, pour arrêter sans doute son penchant au plaisir qui s'était déjà déclaré, et qui a causé dans la suite tous ses malheurs et les miens. Je combattis la cruelle intention de ses parents par toutes les raisons que mon amour naissant et mon éloquence scolastique purent me suggérer. Elle n'affectait ni rigueur ni dédain.

Elle me dit, après un moment de silence, qu'elle ne prévoyait que trop qu'elle allait être malheureuse, mais que c'était apparemment la volonté du ciel, puisqu'il ne lui laissait nul moyen de l'éviter.

La douceur de ses regards, un air charmant de tristesse en prononçant ces paroles, ou plutôt l'ascendant de ma destinée, qui m'entraînait à ma perte, ne me permirent pas de balancer un moment sur ma réponse. Je l'assurai que, si elle voulait faire quelque fond sur mon honneur et sur la tendresse infinie qu'elle m'inspirait déjà, j'emploierais ma vie pour la délivrer de la tyrannie de ses parents et pour la rendre heureuse.

Je me suis étonné mille fois, en y réfléchissant, d'où me venait tant de hardiesse et de facilité à m'exprimer ; mais on ne ferait pas une divinité de l'Amour, s'il n'opérait souvent des prodiges. J'ajoutai mille choses pressantes.

Ma belle inconnue savait bien qu'on n'est point trompeur à mon âge ; elle me confessa que si je voyais quelque jour à la pouvoir mettre en liberté, elle croirait m'être redevable de quelque chose de plus cher que la vie. Je lui répétai que j'étais prêt à tout entreprendre; mais, n'ayant point assez d'expérience pour imaginer tout d'un coup les moyens de la servir, je m'en tenais à cette assurance générale, qui ne pouvait être d'un grand secours pour elle et pour moi. Son vieil Argus étant venu nous rejoindre, mes espérances allaient échouer, si elle n'eut eu assez d'esprit pour suppléer à la stérilité du mien.

Je fus surpris, à l'arrivée de son conducteur, qu'elle m'appelât son cousin, et que, sans paraître déconcertée le moins du monde, elle me dît que, puisqu'elle était assez heureuse pour me rencontrer à Amiens, elle remettait au lendemain son entrée dans le couvent, afin de se procurer le plaisir de souper avec moi.

J'entrai fort bien dans le sens de cette ruse; je lui proposai de se loger dans une hôtellerie dont le maître, qui s'était établi à Amiens après avoir été longtemps cocher de mon père, était dévoué entièrement à mes ordres.

Je l'y conduisis moi-même, tandis que le vieux conducteur paraissait un peu murmurer, et que mon ami Tiberge, qui ne comprenait rien à cette scène, me suivait sans

2

prononcer une parole : il n'avait point entendu notre entretien; il était demeuré à se promener dans la cour pendant que je parlais d'amour à ma belle maîtresse. Comme je redoutais sa sagesse, je me défis de lui par une commission dont je le priai de se charger. Ainsi j'eus le plaisir, en arrivant à l'auberge, d'entretenir seul la souveraine de mon cœur.

Je reconnus bientôt que j'étais moins enfant que je ne le croyais. Mon cœur s'ouvrit à mille sentiments de plaisir dont je n'avais jamais eu l'idée; une douce chaleur se répandit dans toutes mes veines. J'étais dans une espèce de transport qui m'ôta pour quelque temps la liberté de la voix, et qui ne s'exprimait que par mes yeux.

Mademoiselle Manon Lescaut, c'est ainsi qu'elle me dit qu'on la nommait, parut fort satisfaite de cet effet de ses charmes. Je crus apercevoir qu'elle n'était pas moins émue que moi; elle me confessa qu'elle me trouvait aimable et qu'elle serait ravie de m'avoir obligation de sa liberté. Elle voulut savoir qui j'étais, et cette connaissance augmenta son affection, parce qu'étant d'une naissance commune, elle se trouva flattée d'avoir fait la conquête d'un amant tel que moi. Nous nous entretînmes des moyens d'être l'un à l'autre.

Après quantité de réflexions, nous ne trouvâmes point d'autre voie que celle de la fuite. Il fallait tromper la vigilance du conducteur, qui était un homme à ménager, quoiqu'il ne fût qu'un domestique; nous réglâmes que je ferais préparer pendant la nuit une chaise de poste, et que je reviendrais de grand matin à l'auberge avant qu'il fût éveillé; que nous nous déroberions secrètement, et que nous irions droit à Paris, où nous nous ferions marier en arrivant. J'avais environ cinquante écus, qui étaient le fruit de mes petites épargnes; elle en avait à peu près le double. Nous nous imaginâmes, comme des enfants sans expérience, que cette somme ne finirait jamais, et nous ne comptâmes pas moins sur le succès de nos autres mesures.

Après avoir soupé avec plus de satisfaction que je n'en avais jamais ressenti, je me retirai pour exécuter notre projet. Mes arrangements furent d'autant plus faciles, qu'ayant eu dessein de retourner le lendemain chez mon père, mon petit équipage était déjà préparé. Je n'eus donc nulle peine à faire transporter ma malle et à faire tenir une chaise prête pour cinq heures du matin, qui était le temps où les portes de la ville devaient être ouvertes, mais je trouvai un obstacle dont je ne me défiais point, et qui faillit rompre entièrement mon dessein.

Tiberge, quoique âgé seulement de trois ans plus que moi, était un garçon d'un sens mûr et d'une conduite fort réglée; il m'aimait avec une tendresse extraordinaire. La vue d'une aussi jolie fille que Mademoiselle Manon, mon empressement à la conduire, et le soin que j'avais eu de me défaire de lui en l'éloignant, lui firent naître quelques soupçons de mon amour. Il n'avait osé revenir à l'auberge où il m'avait laissé, de peur de m'offenser par son retour; mais il était allé m'attendre à mon logis, où je le trouvais en arrivant, quoiqu'il fût dix heures du soir. Sa présence me chagrina. Il s'aperçut facilement de la contrainte qu'elle me causait.

« Je suis sûr, me dit-il sans déguisement, que vous méditez quelque dessein que vous me voulez cacher; je le vois à votre air. »

Je lui répondis assez brusquement que je n'étais pas obligé de lui rendre compte de tous mes desseins.

« Non, reprit-il; mais vous m'avez toujours traité en ami, et cette qualité suppose un peu de confiance et d'ouverture. »

Il me pressa si fort et si longtemps de lui découvrir mon secret, que, n'ayant jamais eu de réserve avec lui, je lui fis l'entière confidence de ma passion. Il la reçut avec une apparence de mécontentement qui me fit frémir. Je me repentis surtout de l'indiscrétion avec laquelle je lui avais découvert le dessein de ma fuite.

Il me dit qu'il était trop parfaitement mon ami pour ne pas s'y opposer de tout son pouvoir; qu'il voulait me représenter d'abord tout ce qu'il croyait capable de m'en détourner; mais que, si je ne renonçais pas ensuite à cette misérable résolution, il avertirait des personnes qui pourraient l'arrêter à coup sûr.

Il me tint là-dessus un discours sérieux qui dura plus d'un quart d'heure, et qui finit encore par la menace de me dénoncer si je ne lui donnais ma parole de me conduire avec plus de sagesse et de raison.

J'étais au désespoir de m'être trahi si mal à propos. Cependant, l'amour m'ayant ouvert extrêmement l'esprit depuis deux ou trois heures, je fis attention que je ne lui avais pas découvert que mon dessein devait s'exécuter le lendemain, et je résolus de le tromper à la faveur d'une équivoque.

« Tiberge, lui dis-je, j'ai cru jusqu'à présent que vous étiez mon ami, et j'ai voulu vous éprouver par cette confidence. Il est vrai que j'aime; je ne vous ai pas trompé; mais pour ce qui regarde ma fuite, ce n'est point une entreprise à former au hasard. Venez me prendre demain à neuf heures; je vous ferai voir, s'il se peut, ma maîtresse, et vous jugerez si elle mérite que je fasse cette démarche pour elle. »

Il me laissa seul, après mille protestations d'amitié.

J'employai la nuit à mettre ordre à mes affaires, et, m'étant rendu à l'hôtellerie de Mademoiselle Manon vers la pointe du jour, je la trouvai qui m'attendait. Elle était à sa fenêtre, qui donnait sur la rue; de sorte que, m'ayant aperçu, elle vint m'ouvrir elle-même. Nous sortîmes sans bruit. Elle n'avait point d'autre équipage que son linge, dont je me chargeai moi-même. La chaise était en état de partir : nous nous éloignâmes aussitôt de la ville.

Je rapporterai dans la suite quelle fut la conduite de Tiberge lorsqu'il s'aperçut que je l'avais trompé. Son zèle n'en devint pas moins ardent. Vous verrez à quel excès il le porta, et combien je devrais verser de larmes en songeant quelle en a été la récompense.

Nous nous hâtâmes tellement d'avancer, que nous arrivâmes à Saint-Denis avant la nuit. J'avais couru à cheval à côté de la chaise, ce qui ne nous avait guère permis de nous entretenir qu'en changeant de chevaux; mais lorsque nous nous vîmes si proches de Paris, c'est-à-dire presque en sûreté, nous prîmes le temps de nous rafraîchir, n'ayant rien mangé depuis notre départ d'Amiens. Quelque passionné que je fusse pour Manon, elle sut me persuader qu'elle ne l'était pas moins pour moi. Nous étions si peu réservés dans nos caresses, que nous n'avions pas la patience d'attendre que nous fussions seuls. Nos postillons et nos hôtes nous regardaient avec admiration, et je remarquai qu'ils étaient surpris de voir deux enfants de notre âge qui paraissaient s'aimer jusqu'à la fureur.

Nos projets de mariage furent oubliés à Saint-Denis; nous fraudâmes les droits de l'Église, et nous nous trouvâmes époux sans y avoir fait réflexion. Il est sûr que, du naturel tendre et constant dont je suis, j'étais heureux pour toute ma vie, si Manon m'eût été fidèle. Plus je la connaissais, plus je découvrais en elle de nouvelles qualités aimables. Son esprit, son cœur, sa douceur et sa beauté formaient une chaîne si forte et si charmante, que j'aurais mis tout mon bonheur à n'en sortir jamais. Terrible changement! Ce qui fait mon désespoir a pu faire ma félicité! Je me trouve le plus malheureux de tous les hommes par cette même constance dont je devais attendre le plus doux de tous les sorts et les plus parfaites récompenses de l'amour.

Nous prîmes un appartement meublé à Paris; ce fut dans la rue V..., et, pour mon malheur, auprès de la maison de M. de B***, célèbre fermier-général. Trois semaines se passèrent, pendant lesquelles j'avais été si rempli de ma passion, que j'avais peu songé à ma famille et au chagrin que mon père avait dû ressentir de mon absence. Cependant, comme la débauche n'avait nulle part à ma conduite, et que Manon se comportait aussi avec beaucoup de retenue, la tranquillité où nous vivions servit à me faire rappeler peu à peu l'idée de mon devoir.

Je résolus de me réconcilier, s'il était possible, avec mon père. Ma maîtresse était si aimable que je ne doutai point qu'elle ne pût lui plaire, si je trouvais moyen de lui faire connaître sa sagesse et son mérite; en un mot, je me flattai d'obtenir de lui la liberté de l'épouser, ayant été désabusé de l'espérance de le pouvoir sans son consentement. Je communiquai ce projet à Manon, et je lui fis entendre qu'outre les motifs de l'amour et du devoir, celui de la nécessité pouvait y entrer aussi pour quelque chose, car nos fonds étaient extrêmement altérés, et je commençais à revenir de l'opinion qu'ils étaient inépuisables.

Manon reçut froidement cette proposition. Cependant les difficultés qu'elle y opposa n'étant prises que de sa tendresse même et de la crainte de me perdre, si mon père n'entrait point dans notre dessein après avoir connu le lieu de notre retraite, je n'eus pas le moindre soupçon du coup cruel qu'on se préparait à me porter. A l'objection de la nécessité, elle répondit qu'il nous restait encore de quoi vivre quelques semaines, et qu'elle trouverait après cela des ressources dans l'affection de quelques parents à qui elle écrirait en province. Elle adoucit son refus par des caresses si tendres et si passionnées, que moi, qui ne vivais que dans elle, et qui n'avais pas la moindre défiance de son cœur, j'applaudis à toutes ses réponses et à toutes ses résolutions.

Je lui avais laissé la disposition de notre bourse et le soin de payer notre dépense ordinaire. Je m'aperçus peu après que notre table était mieux servie, et qu'elle s'était donné quelques ajustements d'un prix considérable. Comme je n'ignorais pas qu'il devait nous rester à peine douze ou quinze pistoles, je lui marquai mon étonnement de cette augmentation apparente de notre opulence. Elle me pria en riant d'être sans embarras.

« Ne vous ai-je pas promis, me dit-elle, que je trouverais des ressources ? »

Je l'aimais avec trop de simplicité pour m'alarmer facilement.

Un jour que j'étais sorti l'après-midi, et que je l'avais avertie que je serais dehors plus longtemps qu'à l'ordinaire, je fus étonné qu'à mon retour on me fît attendre deux ou trois minutes à la porte. Nous n'étions servis que par une petite fille qui était à peu près de notre âge. Étant venue m'ouvrir, je lui demandai pourquoi elle avait tardé si longtemps. Elle me répondit d'un air embarrassé qu'elle ne m'avait point entendu frapper. Je n'avais frappé qu'une fois; je lui dis :

« Mais si vous ne m'avez pas entendu, pourquoi êtes-vous donc venue m'ouvrir ? »

Cette question la déconcerta si fort, que, n'ayant point assez de présence d'esprit pour y répondre, elle se mit à pleurer, en m'assurant que ce n'était point sa faute, et que Madame lui avait défendu d'ouvrir la porte jusqu'à ce que M. de B*** fût sorti par l'autre escalier qui répondait au cabinet. Je demeurai si confus que je n'eus point la force d'entrer dans l'appartement. Je pris le parti de descendre sous prétexte d'une affaire, et j'ordonnai à cette enfant de dire à sa maîtresse que je retournerais dans le moment, mais de ne pas faire connaître qu'elle m'eût parlé de M. de B***.

Ma consternation fut si grande que je versai des larmes en descendant l'escalier, sans savoir encore de quel sentiment elles partaient. J'entrai dans le premier café, et, m'y étant assis près d'une table, j'appuyai la tête sur mes deux mains pour y développer ce qui se passait dans mon cœur. Je n'osais rappeler ce que je venais d'entendre ; je voulais le considérer comme une illusion, et je fus prêt, deux ou trois fois, de retourner au logis sans marquer que j'y eusse fait attention. Il me paraissait si impossible que Manon m'eût trahi, que je craignais de lui faire injure en la soupçonnant. Je l'adorais, cela était sûr ; je ne lui avais pas donné plus de preuves d'amour que je n'en avais reçu d'elle : pourquoi l'aurai-je accusée d'être moins sincère et moins constante que moi ? Quelle raison aurait-elle eue de me tromper ? Il n'y avait que trois heures qu'elle m'avait accablé de ses plus tendres caresses, et qu'elle avait reçu les miennes avec transport ; je ne connaissais pas mieux mon cœur que le sien.

« Non, non, repris-je, il n'est pas possible que Manon me trahisse ! Elle n'ignore pas que je ne vis que pour elle ; elle sait trop bien que je l'adore ! Ce n'est pas là un sujet de me haïr. »

Cependant la visite et la sortie furtive de M. de B*** me causaient de l'embarras. Je me rappelais aussi les petites acquisitions de Manon, qui me semblaient surpasser nos richesses présentes. Cela paraissait sentir les libéralités d'un nouvel amant. Et cette confiance qu'elle m'avait marquée pour des ressources qui m'étaient inconnues? J'avais peine à donner à tant d'énigmes un sens aussi favorable que mon cœur le souhaitait.

D'un autre côté, je ne l'avais presque pas perdue de vue depuis que nous étions à Paris. Occupations, promenades, divertissements, nous avions toujours été l'un à côté de l'autre; mon Dieu! un instant de séparation nous aurait trop affligés! Il fallait nous dire sans cesse que nous nous aimions : nous serions morts d'inquiétude sans cela. Je ne pouvais donc m'imaginer presque un seul moment où Manon pût s'être occupée d'un autre que moi.

A la fin, je crus avoir trouvé le dénouement de ce mystère.

« M. de B***, dis-je en moi-même, est un homme qui fait de grosses affaires, et qui a de grandes relations; les parents de Manon se seront servis de cet homme pour lui faire tenir quelque argent. Elle en a peut-être déjà reçu de lui; il est venu aujourd'hui lui en apporter encore. Elle s'est fait sans doute un jeu de me le cacher, pour me surprendre agréablement. Peut-être m'en aurait-elle parlé si j'étais rentré à l'ordinaire, au lieu de venir ici m'affliger. Elle ne me le cachera pas du moins lorsque je lui en parlerai moi-même. »

Je me remplis si fortement de cette opinion, qu'elle eut la force de diminuer beaucoup ma tristesse. Je retournai sur-le-champ au logis. J'embrassai Manon avec ma tendresse ordinaire. Elle me reçut fort bien. J'étais tenté d'abord de lui découvrir mes conjectures, que je regardais plus que jamais comme certaines; je me retins, dans l'espérance qu'il lui arriverait peut-être de me prévenir en m'apprenant tout ce qui s'était passé.

On nous servit à souper. Je me mis à table d'un air fort gai ; mais, à la lumière de la chandelle, qui était entre elle et moi, je crus apercevoir de la tristesse sur le visage et dans les yeux de ma chère maîtresse. Cette pensée m'en inspira aussi. Je remarquai que ses regards s'attachaient sur moi d'une autre façon qu'ils n'avaient accoutumé. Je ne pouvais démêler si c'était de l'amour ou de la compassion, quoiqu'il me parût que c'était un sentiment doux et languissant. Je la regardai avec la même attention ; et peut-être n'avait-elle pas moins de peine à juger de la situation de mon cœur par mes regards. Nous ne pensions ni à parler ni à manger. Enfin je vis tomber des larmes de ses beaux yeux : perfides larmes !

« Ah Dieu ! m'écriai-je, vous pleurez, ma chère Manon; vous êtes affligée jusqu'à pleurer, et vous ne me dites pas un seul mot de vos peines. »

Elle ne me répondit que par quelques soupirs qui augmentèrent mon inquiétude. Je me levai en tremblant; je la conjurai, avec tous les empressements de l'amour, de me découvrir le sujet de ses pleurs; j'en versais moi-même en essuyant les siennes; j'étais plus mort que vif. Un barbare aurait été attendri des témoignages de ma douleur et de ma crainte.

Dans le temps que j'étais ainsi tout occupé d'elle, j'entendis le bruit de plusieurs personnes qui montaient l'escalier. On frappa doucement à la porte. Manon me donna un baiser, et, s'échappant de mes bras, elle entra rapidement dans le cabinet, qu'elle ferma aussitôt sur elle. Je me figurai qu'étant un peu en désordre, elle voulait se cacher aux yeux des étrangers qui avaient frappé. J'allai leur ouvrir moi-même.

A peine avais-je ouvert, que je me vis saisir par trois hommes que je reconnus pour les laquais de mon père. Ils ne me firent point de violence; mais, deux d'entre eux m'ayant pris par les bras, le troisième visita mes poches, dont il tira un petit couteau, qui était le seul fer que j'eusse sur moi. Ils me demandèrent pardon de la nécessité où ils étaient de me manquer de respect; ils me dirent naturellement qu'ils agissaient par l'ordre de mon père, et que mon frère aîné m'attendait en bas dans un carrosse. J'étais si troublé que je me laissai conduire sans résister et sans répondre. Mon frère était effectivement à m'attendre. On me mit dans le carrosse auprès de lui, et le cocher, qui avait ses ordres, nous conduisit à grand train jusqu'à Saint-Denis. Mon frère m'embrassa tendrement, mais il ne me parla point, de sorte que j'eus tout le loisir dont j'avais besoin pour rêver à mon infortune.

J'y trouvai d'abord tant d'obscurité, que je ne voyais pas de jour à la moindre conjecture. J'étais trahi cruellement; mais par qui? Tiberge fut le premier qui me vint à l'esprit. « Traître! disais-je, c'est fait de ta vie si mes soupçons se trouvent justes! » Cependant je fis réflexion qu'il ignorait le lieu de ma demeure, et qu'on ne pouvait par conséquent l'avoir appris de lui. Accuser Manon, c'est de quoi mon cœur n'osait se rendre coupable. Cette tristesse extraordinaire dont je l'avais vue comme accablée, ses larmes, le tendre baiser qu'elle m'avait donné en se retirant me paraissaient bien une énigme; mais je me sentais porté à l'expliquer comme un pressentiment de notre malheur commun; et, dans le temps que je me désespérais de l'accident qui m'arrachait à elle, j'avais la crédulité de m'imaginer qu'elle était encore plus à plaindre que moi.

Le résultat de ma méditation fut de me persuader que j'avais été aperçu dans les rues de Paris par quelques personnes de connaissance qui en avaient donné avis à mon père. Cette pensée me consola. Je comptais en être quitte pour des reproches ou pour quelques mauvais traitements qu'il me faudrait essuyer de l'autorité paternelle. Je résolus de les souffrir avec patience et de promettre tout ce qu'on exigerait de moi, pour me faciliter l'occasion de retourner plus promptement à Paris, et d'aller rendre la vie et la joie à ma chère Manon.

Nous arrivâmes en peu de temps à Saint-Denis. Mon frère, surpris de mon silence, s'imagina que c'était un effet de ma crainte. Il entreprit de me consoler, en m'assurant que je n'avais rien à redouter de la sévérité de mon père, pourvu que je fusse disposé à rentrer doucement dans le devoir et à mériter l'affection qu'il avait pour moi. Il me fit passer la nuit à Saint-Denis, avec la précaution de faire coucher les trois laquais dans ma chambre.

Ce qui me causa une peine sensible fut de me voir dans la même hôtellerie où je m'étais arrêté avec Manon en venant d'Amiens à Paris. L'hôte et les domestiques me reconnurent, et devinèrent en même temps la vérité de mon histoire. J'entendis dire à l'hôte :

« Ah! c'est ce joli Monsieur qui passait, il y a six semaines, avec une petite demoiselle qu'il aimait si fort! Qu'elle était charmante! Les pauvres enfants, comme ils se caressaient! Pardi! c'est dommage qu'on les ait séparés! »

Je feignais de ne rien entendre, et je me laissais voir le moins qu'il m'était possible.

Mon frère avait à Saint-Denis une chaise à deux, dans laquelle nous partîmes de grand matin, et nous arrivâmes chez nous le lendemain au soir. Il vit mon père avant moi, pour le prévenir en ma faveur, en lui apprenant avec quelle douceur je m'étais laissé conduire, de sorte que j'en fus reçu moins durement que je ne m'y étais attendu. Il se contenta de me faire quelques reproches généraux sur la faute que j'avais commise en m'absentant sans sa permission. Pour ce qui regardait ma maîtresse, il me dit que j'avais bien mérité ce qui venait de m'arriver en me livrant à une inconnue; qu'il avait eu meilleure opinion de ma prudence; mais qu'il espérait que cette petite aventure me rendrait plus sage. Je ne pris ce discours que dans le sens qui s'accordait avec mes idées. Je remerciai mon père de la bonté qu'il avait de me pardonner, et je lui promis de prendre une conduite plus soumise et plus réglée. Je triomphais au fond du cœur; car, de la manière dont les choses s'arrangeaient, je ne doutais point que je n'eusse la liberté de me dérober de la maison, même avant la fin de la nuit.

On se mit à table pour souper; on me railla sur ma conquête d'Amiens et sur ma fuite avec cette fidèle maîtresse. Je reçus les coups de bonne grâce; j'étais même charmé qu'il me fût permis de m'entretenir de ce qui m'occupait continuellement l'esprit. Mais quelques mots lâchés par mon père me firent prêter l'oreille avec la dernière attention. Il parla de perfidie et de service intéressé rendu par M. de B***. Je demeurai interdit en lui entendant prononcer ce nom, et je le priai humblement de s'expliquer davantage. Il se tourna vers mon frère pour lui demander s'il ne m'avait pas raconté toute l'histoire. Mon frère lui répondit que je lui avais paru si tranquille sur la route, qu'il n'avait pas cru que j'eusse besoin de ce remède pour me guérir de ma folie. Je remarquai que mon père balançait s'il achèverait de s'expliquer. Je l'en suppliai si instamment qu'il me satisfit, ou plutôt qu'il m'assassina cruellement par le plus horrible de tous les récits.

Il me demanda d'abord si j'avais toujours eu la simplicité de croire que je fusse aimé de ma maîtresse. Je lui dis hardiment que j'en étais sûr, que rien ne pouvait m'en donner la moindre défiance.

« Ha! ha! ha! s'écria-t-il en riant de toute sa force, cela est excellent! Tu es une jolie dupe, et j'aime à te voir dans ces sentiments-là. C'est grand dommage, mon pauvre Chevalier, de te faire entrer dans l'ordre de Malte, puisque tu as tant de disposition à faire un mari patient et commode! »

Il ajouta mille railleries de cette force sur ce qu'il appelait ma sottise et ma crédulité.

Enfin, comme je demeurais dans le silence, il continua de me dire que, suivant le calcul qu'il pouvait faire du temps depuis mon départ d'Amiens, Manon m'avait aimé environ douze jours : « Car, ajouta-t-il, je sais que tu partis d'Amiens le 28 de l'autre mois ; nous sommes au 29 du présent : il y en a onze que M. de B*** m'a écrit; je suppose qu'il lui en a fallu huit pour lier une parfaite connaissance avec ta maîtresse :

ainsi, qui ôte onze et huit de trente-un jours qu'il y a depuis le 28 d'un mois jusqu'au 29 de l'autre, reste douze, un peu plus ou moins. »

Là-dessus les éclats de rire recommencèrent.

J'écoutais tout avec un saisissement de cœur auquel j'appréhendais de ne pouvoir résister jusqu'à la fin de cette triste comédie.

« Tu sauras donc, reprit mon père, puisque tu l'ignores, que M. de B*** a gagné le cœur de ta princesse; car il se moque de moi, de prétendre me persuader que c'est par un zèle désintéressé pour mon service qu'il a voulu te l'enlever. C'est bien d'un homme tel que lui, de qui d'ailleurs je ne suis pas connu, qu'il faut attendre des sentiments si nobles! Il a su d'elle que tu es mon fils; et, pour se délivrer de tes importunités, il m'a écrit le lieu de ta demeure et le désordre où tu vivais, en me faisant entendre qu'il fallait main-forte pour s'assurer de toi; il s'est offert de me faciliter les moyens de te saisir au collet, et c'est par sa direction et celle de ta maîtresse même que ton frère a trouvé le moment de te prendre sans vers. Félicite-toi maintenant de la durée de ton triomphe! Tu sais vaincre assez rapidement, Chevalier; mais tu ne sais pas conserver tes conquêtes! ».

Je n'eus pas la force de soutenir plus longtemps un discours dont chaque mot m'avait percé le cœur. Je me levai de table, et je n'avais pas fait quatre pas pour sortir de la salle, que je tombai sur le plancher sans sentiment et sans connaissance. On me les rappela par de prompts secours. J'ouvris les yeux pour verser un torrent de pleurs, et la bouche pour proférer les plaintes les plus tristes et les plus touchantes. Mon père, qui m'a toujours aimé tendrement, s'employa avec toute son affection pour me consoler. Je l'écoutais, mais sans l'entendre. Je me jetai à ses genoux; je le conjurai en joignant les mains de me laisser retourner à Paris, pour aller poignarder de B***.

« Non, disais-je, il n'a pas gagné le cœur de Manon! Il lui a fait violence, il l'a séduite par un charme ou par un poison; il l'a peut-être forcée brutalement! Manon m'aime: ne le sais-je pas bien? Il l'aura menacée, le poignard à la main, pour la contraindre de m'abandonner. Que n'aura-t-il pas fait pour me ravir une aussi jolie maîtresse? O dieux! dieux! serait-il possible que Manon m'eût trahi, et qu'elle eût cessé de m'aimer! »

Comme je parlais toujours de retourner promptement à Paris, et que je me levais même à tous moments pour cela, mon père vit bien que, dans le transport où j'étais, rien ne serait capable de m'arrêter. Il me conduisit dans une chambre haute, où il laissa deux domestiques avec moi pour me garder à vue. Je ne me possédais point. J'aurais donné mille vies pour être seulement un quart d'heure à Paris. Je compris que, m'étant déclaré si ouvertement, on ne me permettrait pas aisément de sortir de ma chambre. Je mesurai des yeux la hauteur des fenêtres. Ne voyant nulle possibilité de m'échapper par cette voie, je m'adressai doucement à mes deux domestiques. Je m'engageai par mille serments à faire un jour leur fortune, s'ils voulaient consentir à mon évasion. Je les pressai, je les caressai, je les menaçai ; mais cette tentative fut encore inutile. Je perdis alors toute espérance. Je résolus de mourir, et me jetai sur un lit avec le dessein de ne le quitter qu'avec la vie. Je passai la nuit et le jour suivant dans cette situation. Je refusai la nourriture que l'on m'apporta le lendemain.

Mon père vint me voir l'après-midi. Il eut la bonté de flatter mes peines par les plus douces consolations. Il m'ordonna si absolument de manger quelque chose, que je le fis par respect pour ses ordres. Quelques jours se passèrent pendant lesquels je ne pris rien qu'en sa présence et pour lui obéir. Il continuait toujours de m'apporter les raisons qui pouvaient me ramener au bon sens et m'inspirer du mépris pour l'infidèle Manon. Il est certain que je ne l'estimais plus : comment aurais-je estimé la plus volage et la plus perfide de toutes les créatures ? Mais son image, les traits charmants que je portais au fond du cœur, y subsistaient toujours; je me sentais bien.

« Je puis mourir, disais-je; je le devrais même, après tant de honte et de douleur; mais je souffrirais mille morts sans pouvoir oublier l'ingrate Manon ! »

Mon père était surpris de me voir toujours si fortement touché. Il me connaissait des principes d'honneur, et, ne pouvant douter que sa trahison ne me la fît mépriser, il s'imagina que ma constance venait moins de cette passion en particulier que d'un penchant général pour les femmes. Il s'attacha tellement à cette pensée, que, ne consultant que sa tendre affection, il vint un jour m'en faire l'ouverture.

« Chevalier, me dit-il, j'ai eu dessein, jusqu'à présent, de te faire porter la croix de Malte; mais je vois que tes inclinations ne sont point tournées de ce côté-là; tu aimes les jolies femmes; je suis d'avis de t'en chercher une qui te plaise. Explique-moi, naturellement, ce que tu penses là-dessus. »

Je lui répondis que je ne mettais plus de

distinction entre les femmes, et qu'après le malheur qui venait de m'arriver, je les détestais toutes également.

« Je t'en chercherai une, reprit mon père en souriant, qui ressemblera à Manon et qui sera plus fidèle.

— Ah! si vous avez quelque bonté pour moi, lui dis-je, c'est elle qu'il faut me rendre! Soyez sûr, mon cher père, qu'elle ne m'a point trahi; elle n'est pas capable d'une si noire et si cruelle lâcheté. C'est le perfide B*** qui nous trompe, vous, elle et moi. Si vous saviez combien elle est tendre et sincère, si vous la connaissiez, vous l'aimeriez vous-même.

— Vous êtes un enfant, repartit mon père. Comment pouvez-vous vous aveugler jusqu'à ce point, après ce que je vous ai raconté d'elle? C'est elle-même qui vous a livré à votre frère. Vous devriez oublier jusqu'à son nom, et profiter, si vous êtes sage, de l'indulgence que j'ai pour vous. »

Je reconnaissais trop clairement qu'il avait raison. C'était un mouvement involontaire qui me faisait prendre ainsi le parti de mon infidèle.

« Hélas! repris-je après un moment de silence, il n'est que trop vrai que je suis le malheureux objet de la plus lâche de toutes les perfidies! Oui, continuais-je en versant

Elle m'appela son cousin... (Page 17.)

des larmes de dépit, je vois bien que je ne suis qu'un enfant. Ma crédulité ne leur coûtait guère à tromper. Mais je sais bien ce que j'ai à faire pour me venger! »

Mon père voulut savoir quel était mon dessein.

« J'irai à Paris, lui dis-je; je mettrai le feu à la maison de B***, et je le brûlerai tout vif avec la perfide Manon! »

Cet emportement fit rire mon père, et ne servit qu'à me faire garder plus étroitement dans ma prison.

J'y passai six mois entiers, pendant le premier desquels il y eut peu de changement dans mes dispositions. Tous mes sentiments n'étaient qu'une alternative perpétuelle de haine et d'amour, d'espérance ou de désespoir, selon l'idée sous laquelle Manon s'offrait à mon esprit. Tantôt je ne considérais en elle que la plus aimable de toutes les filles, et je languissais du désir de la revoir; tantôt je n'y apercevais qu'une lâche et perfide maîtresse, et je faisais mille serments de ne la chercher que pour la punir.

On me donna des livres, qui servirent à rendre un peu de tranquillité à mon âme. Je relus tous mes auteurs; j'acquis de nouvelles connaissances; je repris un goût infini pour l'étude: vous verrez de quelle utilité il me fut dans la suite.

Les lumières que je devais à l'amour me firent trouver de la clarté dans quantité d'endroits d'Horace et de Virgile qui m'avaient paru obscurs auparavant. Je fis un commentaire amoureux sur le quatrième livre de l'*Énéide*; je le destine à voir le jour, et je me flatte que le public en sera satisfait. « Hélas! disais-je en le faisant, c'était un cœur tel que le mien qu'il fallait à la fidèle Didon! »

Tiberge vint me voir un jour dans ma prison. Je fus surpris du transport avec lequel il m'embrassa. Je n'avais point encore eu de preuves de son affection qui pussent me la faire regarder autrement que comme une simple amitié de collège, telle qu'elle se forme entre de jeunes gens qui sont à peu près du même âge. Je le trouvai si changé et si formé depuis cinq ou six mois que j'avais passés sans le voir, que sa figure et le ton de son discours m'inspirèrent du respect. Il me parla en conseiller sage plutôt qu'en ami d'école. Il plaignit l'égarement où j'étais tombé; il me félicita de ma guérison, qu'il croyait avancée; enfin il m'exhorta à profiter de cette erreur de jeunesse pour ouvrir les yeux sur la vanité des plaisirs.

Je le regardai avec étonnement. Il s'en aperçut.

« Mon cher Chevalier, me dit-il, je ne

vous dis rien qui ne soit solidement vrai, et dont je ne sois convaincu par un sérieux examen. J'avais autant de penchant que vous vers la volupté; mais le Ciel m'avait donné en même temps du goût pour la vertu. Je me suis servi de ma raison pour comparer les fruits de l'un et de l'autre, je n'ai pas tardé longtemps à découvrir leurs différences. Le secours du Ciel s'est joint à mes réflexions. J'ai conçu pour le monde un mépris auquel il n'y a rien d'égal. Devineriez-vous ce qui m'y retient, ajouta-t-il, et je ce qui m'empêche de courir à la solitude? C'est uniquement la tendre amitié que j'ai pour vous. Je connais l'excellence de votre cœur et de votre esprit; il n'y a rien de bon dont vous ne puissiez vous rendre capable. Le poison du plaisir vous a fait écarter du chemin. Quelle perte pour la vertu! Votre fuite d'Amiens m'a causé tant de douleur, que je n'ai pas goûté depuis un seul moment de satisfaction. Jugez-en par les démarches qu'elle m'a fait faire. »

Il me raconta qu'après s'être aperçu que je l'avais trompé et que j'étais parti avec ma maîtresse, il était monté à cheval pour me suivre; mais qu'ayant sur lui quatre ou cinq heures d'avance, il lui avait été impossible de me joindre; qu'il était arrivé néanmoins à Saint-Denis une demi-heure après mon départ; qu'étant bien certain que je me serais arrêté à Paris, il y avait passé six semaines à me chercher inutilement; qu'il allait dans tous les lieux où il se flattait de pouvoir me trouver, et qu'un jour enfin il avait reconnu ma maîtresse à la comédie; qu'elle y était dans une parure si éclatante, qu'il s'était imaginé qu'elle devait cette fortune à un nouvel amant; qu'il avait suivi son carrosse jusqu'à sa maison, et qu'il avait appris d'un domestique qu'elle était entretenue par les libéralités de M. de B***.

« Je ne m'arrêtai point là, continua-t-il; j'y retournai le lendemain pour apprendre d'elle-même ce que vous étiez devenu. Elle me quitta brusquement lorsqu'elle m'entendit parler de vous, et je fus obligé de revenir en province sans aucun autre éclaircissement. J'y appris votre aventure et la consternation extrême qu'elle vous a causée; mais je n'ai pas voulu vous voir sans être assuré de vous trouver plus tranquille.

— Vous avez donc vu Manon? lui répondis-je en soupirant. Hélas! vous êtes plus heureux que moi, qui suis condamné à ne la revoir jamais! »

Il me fit des reproches de ce soupir, qui marquait encore de la faiblesse pour elle. Il me flatta si adroitement sur la bonté de mon caractère et sur mes inclinations, qu'il me fit naître, dès cette première visite, une forte envie de renoncer comme lui à tous les plaisirs du siècle, pour entrer dans l'état ecclésiastique.

Je goûtai tellement cette idée, que, lorsque je me trouvai seul, je ne m'occupai plus d'autre chose. Je me rappelai les discours de M. l'évêque d'Amiens, qui m'avait donné le même conseil, et les présages heureux qu'il avait formés en ma faveur, s'il m'arrivait d'embrasser ce parti. La piété se mêla aussi dans mes considérations.

« Je mènerai une vie sage et chrétienne, disais-je; je m'occuperai de l'étude et de la religion, qui ne me permettront point de penser aux dangereux plaisirs de l'amour. Je mépriserai ce que le commun des hommes admire; et comme je sens assez que mon cœur ne désirera que ce qu'il estime, j'aurai aussi peu d'inquiétudes que de désirs. »

Je formai là-dessus d'avance un système de vie paisible et solitaire. J'y faisais entrer une maison écartée avec un petit bois et un ruisseau d'eau douce au bout du jardin; une bibliothèque composée de livres choisis; un petit nombre d'amis vertueux et de bon sens; une table propre, mais frugale et modérée.

J'y joignais un commerce de lettres avec un ami qui ferait son séjour à Paris, et qui m'informerait des nouvelles publiques, moins pour satisfaire ma curiosité que pour me faire un divertissement des folles agitations des hommes.

« Ne serai-je pas heureux? ajoutai-je; toutes mes prétentions ne seront-elles point remplies? »

Il est certain que ce projet flattait extrêmement mes inclinations. Mais à la fin d'un si sage arrangement, je sentais que mon cœur attendait encore quelque chose, et que, pour n'avoir rien à désirer dans la plus charmante solitude, il y fallait être avec Manon.

Cependant Tiberge, continuant de me rendre de fréquentes visites pour me fortifier dans le dessein qu'il m'avait inspiré, je pris l'occasion d'en faire l'ouverture à mon père. Il me déclara que son intention était de laisser ses enfants libres dans le choix de leur condition, et que, de quelque manière que je voulusse disposer de moi, il ne se réserverait que le droit de m'aider de ses conseils. Il m'en donna de fort sages, qui tendaient moins à me dégoûter de mon projet qu'à me le faire embrasser avec connaissance.

Le renouvellement de l'année scolastique approchait. Je convins avec Tiberge de nous mettre ensemble au séminaire de Saint-Sulpice, lui pour achever ses études de théologie, et moi pour commencer les miennes. Son mérite, qui était connu de l'évêque du diocèse, lui fit obtenir de ce prélat un bénéfice considérable avant notre départ.

Mon père, me croyant tout à fait revenu de ma passion, ne fit aucune difficulté de me laisser partir. Nous arrivâmes à Paris. L'habit ecclésiastique prit la place de la croix de Malte, et le nom d'abbé des Grieux celle de chevalier.

Je m'attachai à l'étude avec tant d'application, que je fis des progrès extraordinaires en peu de mois. J'y employais une partie de la nuit et je ne perdais pas un moment du jour. Ma réputation eut tant d'éclat, qu'on me félicitait déjà sur les dignités que je ne pouvais manquer d'obtenir, et, sans l'avoir sollicité, mon nom fut couché sur la feuille des bénéfices. La piété n'était pas plus négligée; j'avais de la ferveur pour tous les exercices. Tiberge était charmé de ce qu'il regardait comme son ouvrage, et je l'ai vu plusieurs fois répandre des larmes en s'applaudissant de ce qu'il nommait ma conversion.

Que les résolutions humaines soient sujettes à changer, c'est ce qui ne m'a jamais causé d'étonnement: une passion les fait naître, une autre passion peut les détruire; mais quand je pense à la sainteté de celles qui m'avaient conduit à Saint-Sulpice, et à la joie intérieure que le Ciel m'y faisait goûter en les exécutant, je suis effrayé de la facilité avec laquelle j'ai pu les rompre. S'il est vrai que les secours célestes sont à tout moment d'une force égale à celle des passions, qu'on m'explique donc par quel funeste ascendant on se trouve emporté tout d'un coup loin de son devoir, sans se trouver capable de la moindre résistance, et sans ressentir le moindre remords.

Je me croyais absolument délivré des faiblesses de l'amour. Il me semblait que j'aurais préféré la lecture d'une page de Saint-Augustin, ou un quart d'heure de méditation chrétienne, à tous les plaisirs des sens, sans excepter ceux qui m'auraient été offerts par Manon.

Cependant un instant malheureux me fit retomber dans le précipice, et ma chute fut d'autant plus irréparable, que, me trouvant tout d'un coup au même degré de profondeur d'où j'étais sorti, les nouveaux désordres où je tombai me portèrent bien plus loin vers le fond de l'abîme.

J'avais passé près d'un an à Paris sans m'informer des affaires de Manon. Il m'en avait d'abord coûté beaucoup pour me faire cette violence; mais les conseils toujours présents de Tiberge, et mes propres réflexions m'avaient fait obtenir la victoire. Les derniers mois s'étaient écoulés si tranquillement que je me croyais sur le point d'oublier éternellement cette charmante et perfide créature.

Le temps arriva auquel je devais soutenir un exercice public dans l'École de Théologie; je fis prier plusieurs personnes de considération de m'honorer de leur présence. Mon nom fut ainsi répandu dans tous les quartiers de Paris; il alla jusqu'aux oreilles de mon infidèle. Elle ne le reconnut pas avec certitude sous le titre d'abbé; mais un reste de curiosité, ou peut-être quelque repentir de m'avoir trahi (je n'ai jamais pu démêler lequel de ces deux sentiments), lui fit prendre intérêt à un nom si semblable au mien. Elle vint en Sorbonne avec quelques autres dames. Elle fut présente à mon exercice, et sans doute qu'elle eut peu de peine à me remettre.

Je n'eus pas la moindre connaissance de cette visite. On sait qu'il y a dans ces lieux des cabinets particuliers pour les dames, où elles sont cachées derrière une jalousie. Je retournai à Saint-Sulpice, couvert de gloire et chargé de compliments. Il était six heures du soir. On vint m'avertir, un moment après mon retour, qu'une dame demandait à me voir. J'allai au parloir sur-le-champ. Dieu! quelle apparition surprenante! J'y trouvai Manon. C'était elle, mais plus aimable et plus brillante que je ne l'avais jamais vue. Elle était dans sa dix-huitième année; ses charmes surpassaient tout ce qu'on peut décrire; c'était un air si fin, si doux, si engageant! l'air de l'amour même. Toute sa figure me parut un enchantement.

Je demeurai interdit à sa vue, et, ne pouvant conjecturer quel était le dessein de cette visite, j'attendais les yeux baissés, et avec tremblement, qu'elle s'expliquât. Son embarras fut pendant quelque temps égal au mien, mais, voyant que mon silence continuait, elle mit la main devant ses yeux pour cacher quelques larmes. Elle me dit d'un ton timide, qu'elle confessait que son infidélité méritait ma haine, mais que, s'il était vrai que j'eusse jamais eu quelque tendresse pour elle, il y avait eu aussi bien de la dureté à laisser passer deux ans sans prendre soin de l'informer de mon sort, et qu'il y en avait beaucoup encore à la voir dans l'état où elle était en ma présence sans lui dire une parole. Le désordre de mon âme, en l'écoutant, ne saurait être exprimé.

Elle s'assit. Je demeurai debout, le corps à demi tourné, n'osant l'envisager directement. Je commençai plusieurs fois une réponse que je n'eus pas la force d'achever. Enfin je fis un effort pour m'écrier douloureusement :

« Perfide Manon ! Ah ! perfide ! perfide ! »

Elle me répéta, en pleurant à chaudes larmes, qu'elle ne prétendait point justifier sa perfidie.

« Que prétendez-vous donc ? m'écriai-je encore.

— Je prétends mourir, répondit-elle, si vous ne me rendez votre cœur, sans lequel il est impossible que je vive.

— Demande donc ma vie, infidèle ! repris-je en versant moi-même des pleurs, que je m'efforçais en vain de retenir ; demande ma vie, qui est l'unique chose qui me reste à te sacrifier, car mon cœur n'a jamais cessé d'être à toi ! »

A peine eus-je achevé ces derniers mots, qu'elle se leva avec transport pour venir m'embrasser. Elle m'accabla de mille caresses passionnées ; elle m'appela par tous les noms que l'amour invente pour exprimer ses plus vives tendresses. Je n'y répondais encore qu'avec langueur. Quel passage, en effet, de la situation tranquille d'où j'avais été, aux mouvements tumultueux que je sentis renaître ! J'en étais épouvanté ; je frémissais, comme il arrive lorsqu'on se trouve la nuit, dans une campagne écartée : on se croit transporté dans un nouvel ordre de choses; on y est saisi d'une horreur secrète dont on ne se remet qu'après avoir considéré longtemps tous les environs.

Nous nous assîmes l'un près de l'autre. Je pris ses mains dans les miennes.

« Ah! Manon, lui dis-je en la regardant d'un œil triste, je ne m'étais pas attendu à la noire trahison dont vous avez payé mon amour. Il vous était bien facile de tromper un cœur dont vous étiez la souveraine absolue, et qui mettait toute sa félicité à vous plaire et à vous obéir. Dites-moi maintenant si vous en avez trouvé d'aussi tendre et d'aussi soumis. Non, non, la nature n'en fait guère de la même trempe que le mien. Dites-moi, si vous l'avez quelquefois regretté. Quel fonds dois-je faire sur ce retour de bonté qui vous ramène aujourd'hui pour le consoler? Je ne vois que trop que vous êtes plus charmante que jamais; mais, au nom de toutes les peines que j'ai souffertes pour vous, belle Manon, dites-moi si vous serez plus fidèle! »

Elle me répondit des choses si touchantes sur son repentir, et elle s'engagea à la fidélité par tant de protestations et de serments, qu'elle m'attendrit à un degré inexprimable.

« Chère Manon, lui dis-je avec un mélange profane d'expressions amoureuses et théologiques, tu es trop adorable pour une créature! Je me sens le cœur emporté par une délectation victorieuse. Tout ce qu'on dit de la liberté, à Saint-Sulpice, est une chimère. Je vais perdre ma fortune et ma réputation pour toi, je le prévois bien; je lis ma destinée dans tes beaux yeux; mais de quelles pertes ne serai-je pas consolé par ton amour! Les faveurs de la fortune ne me touchent point; la gloire me paraît une fumée; tous mes projets de vie ecclésiastique étaient de folles imaginations; enfin, tous les biens différents de ceux que j'espère avec toi sont des biens méprisables, puisqu'ils ne sauraient tenir un moment, dans mon cœur, contre un seul de tes regards. »

En lui promettant néanmoins un oubli général de ses fautes, je voulus être informé de quelle manière elle s'était laissée séduire par B***.

Elle m'apprit que, l'ayant vue de sa fenêtre, il était devenu passionné pour elle; qu'il avait fait sa déclaration en fermier-général, c'est-à-dire en lui marquant dans une lettre que le paiement serait proportionné aux faveurs; qu'elle avait capitulé d'abord, mais sans autre dessein que de tirer de lui quelque somme considérable qui pût servir à nous faire vivre commodément; qu'il l'avait éblouie par de si magnifiques promesses, qu'elle s'était laissée ébranler par degrés ; que je devais juger pourtant de ses remords par la douleur dont elle m'avait laissé voir des témoignages la veille de notre séparation ; que, malgré l'opulence dans laquelle il l'avait entretenue, elle n'avait jamais goûté de bonheur avec lui, non seulement parce qu'elle n'y trouvait point, me dit-elle, la délicatesse de mes sentiments et l'agrément de mes manières, mais parce qu'au milieu même des plaisirs qu'il lui procurait sans cesse, elle portait au fond du cœur le souvenir de mon amour et le remords de son infidélité. Elle me parla de Tiberge et de la confusion extrême que sa visite lui avait causée.

« Un coup d'épée dans le cœur, ajouta-t-elle, m'aurait moins ému le sang. Je lui tournai le dos, sans pouvoir soutenir un moment sa présence. »

Elle continua de me raconter par quels moyens elle avait été instruite de mon séjour à Paris, du changement de ma condition et de mes exercices de Sorbonne. Elle m'assura qu'elle avait été si agitée pendant la dispute, qu'elle avait eu beaucoup de peine, non seulement à retenir ses larmes, mais ses gémissements même et ses cris, qui avaient été plus d'une fois sur le point d'éclater. Enfin elle me dit qu'elle était sortie de ce lieu la dernière pour cacher son désordre, et que, ne suivant que le mouvement de son cœur et l'impétuosité de ses désirs, elle était venue droit au séminaire, avec la résolution d'y mourir si elle ne me trouvait pas disposé à lui pardonner.

Où trouver un barbare qu'un repentir si vif et si tendre n'eût pas touché? Pour moi, je sentis dans ce moment que j'aurais sacrifié pour Manon tous les évêchés du monde chrétien. Je lui demandai quel nouvel ordre elle jugeait à propos de mettre dans nos affaires. Elle me dit qu'il fallait sur-le-champ sortir du séminaire, et remettre à nous arranger dans un lieu plus sûr. Je consentis à toutes ses volontés sans réplique. Elle entra dans son carrosse pour aller m'attendre au coin de la rue. Je m'échappai un moment après, sans être aperçu du portier. Je montai avec elle.

Nous passâmes à la friperie; je repris les galons et l'épée. Manon fournit aux frais, car j'étais sans un sou; et, dans la crainte que je ne trouvasse de l'obstacle à ma sortie de Saint-Sulpice, elle n'avait pas voulu que je retournasse un moment à ma chambre pour y prendre mon argent. Mon trésor d'ailleurs était médiocre, et elle assez riche des libéralités de B***, pour mépriser ce qu'elle me faisait abandonner. Nous conférâmes chez le fripier même sur le parti que nous allions prendre.

Pour me faire valoir davantage le sacrifice qu'elle me faisait de B***, elle résolut de ne pas garder avec lui le moindre ménagement.

« Je veux lui laisser ses meubles, me dit-elle; ils sont à lui; mais j'emporterai, comme de justice, les bijoux et près de soixante mille francs que j'ai tirés de lui depuis deux ans. Je ne lui ai donné nul pouvoir sur moi, ajouta-t-elle; ainsi nous pouvons demeurer sans crainte à Paris, en prenant une maison commode où nous vivrons heureusement. »

Je lui représentai que, s'il n'y avait point de péril pour elle, il y en avait beaucoup pour moi, qui ne manquerais point tôt ou tard d'être reconnu, et qui serais continuellement exposé au malheur que j'avais déjà essuyé.

Elle me fit entendre qu'elle aurait du regret à quitter Paris. Je craignais tant de la chagriner, qu'il n'y avait point de hasards que je ne méprisasse pour lui plaire. Cependant nous trouvâmes un tempérament raisonnable, qui fut de louer une maison dans quelque village voisin de Paris, d'où il nous serait aisé d'aller à la ville lorsque le plaisir ou le besoin nous y appellerait. Nous choisîmes Chaillot, qui n'en est pas éloigné.

Manon retourna sur-le-champ chez elle. J'allai l'attendre à la petite porte du jardin des Tuileries.

Elle revint une heure après, dans un carrosse de louage avec une fille qui la servait, et quelques malles où ses habits et tout ce qu'elle avait de précieux était renfermé.

Nous ne tardâmes point à gagner Chaillot. Nous logeâmes la première nuit à l'auberge, pour nous donner le temps de chercher une maison ou du moins un appartement commode. Nous en trouvâmes dès le lendemain, un de notre goût.

Mon bonheur me parut d'abord établi d'une manière inébranlable. Manon était la douceur et la complaisance même. Elle avait pour moi des attentions si délicates que je me crus trop parfaitement dédommagé de toutes mes peines. Comme nous avions acquis tous deux un peu d'expérience, nous raisonnâmes sur la solidité de notre fortune. Soixante mille francs, qui faisaient le fonds de nos richesses, n'étaient point une somme qui pût s'étendre autant que le cours d'une longue vie. Nous n'étions pas disposés d'ailleurs à resserrer trop notre dépense. La première vertu de Manon, non plus que la mienne, n'était pas l'économie.

Voici le plan que je proposai :

« Soixante mille francs, lui dis-je, peuvent

nous soutenir pendant dix ans. Deux mille écus nous suffiront chaque année, si nous continuons à vivre à Chaillot. Nous y mènerons une vie honnête, mais simple. Notre unique dépense sera pour l'entretien d'un carrosse et pour les spectacles. Nous nous réglerons. Vous aimez l'Opéra. Nous irons deux fois la semaine. Pour le jeu, nous nous bornerons tellement, que nos pertes ne dépasseront jamais deux pistoles. Il est impossible que dans l'espace de dix ans il n'arrive point de changement dans ma famille; mon père est âgé, il peut mourir. Je me trouverai du bien, et nous serons alors au-dessus de toutes nos autres craintes. »

Cet arrangement n'eût pas été la plus folle action de ma vie, si nous eussions été assez sages pour nous y assujettir constamment. Mais nos résolutions ne durèrent guère plus d'un mois. Manon était passionnée pour le plaisir; je l'étais pour elle. Il nous naissait à tous moments de nouvelles occasions de dépenses; et, loin de regretter les sommes qu'elle employait quelquefois avec profusion, je fus le premier à lui procurer tout ce que je croyais propre à lui plaire. Notre demeure de Chaillot commença même à lui devenir à charge.

L'hiver approchait; tout le monde retournait à la ville, et la campagne devenait déserte. Elle me proposa de reprendre une maison à Paris. Je n'y consentis point; mais, pour la satisfaire en quelque chose, je lui dis que nous pouvions y louer un appartement meublé, et que nous y passerions la nuit lorsqu'il nous arriverait de quitter trop tard l'assemblée où nous allions plusieurs fois la semaine; car l'incommodité de revenir si tard à Chaillot était le prétexte qu'elle apportait pour le vouloir quitter. Nous nous donnâmes ainsi deux logements, l'un à la ville et l'autre à la campagne. Ce changement mit bientôt le dernier désordre dans nos affaires, en faisant naître deux aventures qui causèrent notre ruine.

Manon avait un frère qui était garde du corps. Il se trouva malheureusement logé, à Paris, dans la même rue que nous. Il reconnut sa sœur en la voyant le matin à sa fenêtre. Il accourut aussitôt chez nous. C'était un homme brutal et sans principes d'honneur; il entra dans notre chambre en jurant horriblement; et, comme il savait une partie des aventures de sa sœur, il l'accabla d'injures et de reproches.

J'étais sorti un moment auparavant, ce qui fut sans doute un bonheur pour lui ou pour moi, qui n'étais rien moins que disposé à souffrir une insulte.

Je ne retournai au logis qu'après son

départ. La tristesse de Manon me fit juger qu'il s'était passé quelque chose d'extraordinaire. Elle me raconta la scène fâcheuse qu'elle venait d'essuyer et les menaces brutales de son frère. J'en eus tant de ressentiment, que j'eusse couru sur-le-champ à la vengeance si elle ne m'eût arrêté par ses larmes.

Pendant que je m'entretenais avec elle de cette aventure, le garde du corps rentra dans la chambre où nous étions, sans s'être fait annoncer. Je ne l'aurais pas reçu aussi civilement que je fis si je l'eusse connu; mais, nous ayant salués d'un air riant, il eut le temps de dire à Manon qu'il venait lui faire des excuses de son emportement; qu'il l'avait crue dans le désordre, et que cette opinion avait allumé sa colère; mais que, s'étant informé qui j'étais d'un de nos domestiques, il avait appris de moi des choses si avantageuses qu'elles lui faisaient désirer de bien vivre avec nous.

Quoique cette information qui lui venait d'un de mes laquais eût quelque chose de bizarre et de choquant, je reçus son compliment avec honnêteté; je crus faire plaisir à Manon. Elle paraissait charmée de le voir porté à se réconcilier. Nous le retînmes à dîner.

Il se rendit en peu de moments si familier, que, nous ayant entendu parler de notre retour à Chaillot, il voulut absolument nous tenir compagnie. Il fallut lui donner une place dans notre carrosse. Ce fut une prise de possession : car il s'accoutuma bientôt à nous voir avec tant de plaisir, qu'il fit sa maison de la nôtre, et qu'il se rendit le maître, en quelque sorte, de tout ce qui nous appartenait. Il m'appelait son frère, et, sous prétexte de la liberté fraternelle, il se mit sur le pied d'amener tous ses amis dans notre maison de Chaillot et de les y traiter à nos dépens. Il se fit habiller magnifiquement à nos frais. Il nous engagea même à payer toutes ses dettes. Je fermais les yeux sur cette tyrannie pour ne pas déplaire à Manon, jusqu'à feindre de ne pas m'apercevoir qu'il tirait d'elle, de temps en temps, des sommes considérables. Il est vrai qu'étant grand joueur, il avait la fidélité de lui en remettre une partie lorsque la fortune le favorisait; mais la nôtre était trop médiocre pour fournir longtemps à des dépenses si peu modérées. J'étais sur le point de m'expliquer fortement avec lui, pour nous délivrer de ses importunités, lorsqu'un funeste accident m'épargna cette peine, en nous en causant une autre qui nous abîma sans ressource.

Nous étions demeurés un jour à Paris

pour y coucher, comme il nous arrivait fort souvent. La servante qui restait seule à Chaillot dans ces occasions, vint m'avertir le matin que le feu avait pris pendant la nuit dans ma maison, et qu'on avait eu beaucoup de difficulté à l'éteindre. Je lui demandai si nos meubles avaient souffert quelque dommage. Elle me répondit qu'il y avait eu une si grande confusion causée par la multitude d'étrangers qui étaient venus au secours, qu'elle ne pouvait être assurée de rien. Je tremblai pour notre argent, qui était renfermé dans une petite caisse. Je me rendis promptement à Chaillot. Diligence inutile! la caisse avait déjà disparu.

J'éprouvai alors qu'on peut aimer l'argent sans être avare. Cette perte me pénétra d'une si vive douleur, que j'en pensai perdre la raison. Je compris tout d'un coup à quels nouveaux malheurs j'allais me trouver exposé. L'indigence était le moindre. Je connaissais Manon; je n'avais déjà que trop éprouvé que, quelque fidèle et quelque attachée qu'elle me fût dans la bonne fortune, il ne fallait pas compter sur elle dans la misère. Elle aimait trop l'abondance et les plaisirs pour me les sacrifier.

« Je la perdrai! m'écriai-je. Malheureux Chevalier! tu vas donc perdre encore tout ce que tu aimes! »

Cette pensée me jeta dans un trouble si affreux, que je balançai, pendant quelques moments, si je ne ferais pas mieux de finir tous mes maux par la mort.

Cependant je conservai assez de présence d'esprit pour vouloir examiner auparavant s'il ne me restait nulle ressource. Le Ciel me fit naître une idée qui arrêta mon désespoir; je crus qu'il ne me serait pas impossible de cacher notre perte à Manon, et que, par industrie ou par quelque faveur du hasard, je pourrais fournir assez honnêtement à son entretien pour l'empêcher de sentir la nécessité.

« J'ai compté, disais-je pour me consoler, que vingt mille écus nous suffiraient pendant dix ans. Supposons que les dix ans soient écoulés, et que nul des changements que j'espérais ne soit arrivé dans ma famille. Quel parti prendrais-je? Je ne le sais pas trop bien; mais ce que je ferais alors, qui m'empêche de le faire aujourd'hui? Combien de personnes vivent à Paris, qui n'ont ni mon esprit ni mes qualités naturelles, et qui doivent néanmoins leur entretien à leurs talents tels qu'ils les ont!

« La Providence, ajoutais-je en réfléchissant sur les différents états de la vie, n'a-t-elle pas arrangé les choses fort sagement? La plupart des grands et des riches sont des sots. Cela est clair à qui connaît un peu le monde. Or, il y a là-dedans une justice admirable. S'ils joignaient l'esprit aux richesses, ils seraient trop heureux, et le reste des hommes trop misérable. Les qualités du corps et de l'âme sont accordées à ceux-ci comme des moyens pour se tirer de la misère et de la pauvreté. Les uns prennent part aux richesses des grands en servant à leurs plaisirs; ils en font des dupes. D'autres servent à leur instruction : ils tâchent d'en faire d'honnêtes gens; il est rare, à la vérité, qu'ils y réussissent, mais ce n'est pas le but de la divine sagesse : ils tirent toujours un fruit de leurs soins, qui est de vivre aux dépens de ceux qu'ils instruisent; et, de quelque façon qu'on le prenne, c'est un fonds excellent de revenu pour les petits que la sottise des riches et des grands. »

Ces pensées me remirent un peu le cœur et la tête. Je résolus d'abord d'aller consulter M. Lescaut, frère de Manon. Il connaissait parfaitement Paris, et je n'avais eu que trop d'occasions de reconnaître que ce n'était ni de son bien, ni de la paie du roi, qu'il tirait son plus clair revenu. Il me restait à peine vingt pistoles, qui s'étaient trouvées heureusement dans ma poche. Je lui montrai ma bourse, en lui expliquant mon malheur et mes craintes, et je lui demandai s'il y avait pour moi un parti à choisir entre celui de mourir de faim ou de me casser la tête de désespoir. Il me répondit que se casser la tête était la ressource des sots ; pour mourir de faim, qu'il y avait quantité de gens d'esprit qui s'y voyaient réduits quand ils ne voulaient pas faire usage de leurs talents ; que c'était à moi d'examiner de quoi j'étais capable ; qu'il m'assurait de son secours et de ses conseils dans toutes mes entreprises.

« Cela est bien vague, Monsieur Lescaut, lui dis-je ; mes besoins demanderaient un remède plus présent ; car que voulez-vous que je dise à Manon ?

— A propos de Manon, reprit-il, qu'est-ce qui vous embarrasse ? N'avez-vous pas toujours, avec elle, de quoi finir vos inquiétudes quand vous le voudrez ? Une fille comme elle devrait nous entretenir, vous, elle et moi ! »

Il me coupa la réponse que cette impertinence méritait, pour continuer de me dire qu'il me garantissait avant le soir mille écus à partager entre nous, si je voulais suivre son conseil ; qu'il connaissait un seigneur si libéral sur le chapitre des plaisirs, qu'il était sûr que mille écus ne lui coûteraient rien pour obtenir les faveurs d'une fille telle que Manon.

Je l'arrêtai.

« J'avais meilleure opinion de vous! lui répondis-je; je m'étais figuré que le motif que vous aviez eu pour m'accorder votre amitié était un sentiment tout opposé à celui où vous êtes maintenant. »

Il me confessa impudemment qu'il avait toujours pensé de même, et que, sa sœur ayant une fois violé les lois de son sexe, quoiqu'en faveur de l'homme qu'il aimait le plus, il ne s'était réconcilié avec elle que dans l'espérance de tirer parti de sa mauvaise conduite.

Il me fut aisé de juger que jusqu'alors nous avions été ses dupes. Quelque émotion néanmoins que ce discours m'eût causée, le besoin que j'avais de lui m'obligea de répondre, en riant, que son conseil était une dernière ressource qu'il fallait remettre à l'extrémité. Je le priai de m'ouvrir quelque autre voie.

Il me proposa de profiter de ma jeunesse et de la figure avantageuse que j'avais reçue de la nature pour me mettre en liaison avec quelque dame vieille et libérale. Je ne goûtai pas non plus ce parti, qui m'aurait rendu infidèle à Manon.

Je lui parlai du jeu comme du moyen le plus facile et le plus convenable à ma situation. Il me dit que le jeu, à la vérité, était une ressource, mais que cela demandait d'être expliqué; qu'entreprendre de jouer simplement avec les espérances communes, c'était le vrai moyen d'achever ma perte; que de prétendre exercer seul, et sans être soutenu, les petits moyens qu'un habile homme emploie pour corriger la fortune était un métier trop dangereux; qu'il y avait une troisième voie, qui était celle de l'association; mais que ma jeunesse lui faisait craindre que messieurs les confédérés ne me jugeassent point encore les qualités propres à la ligue. Il me promit néanmoins ses bons offices auprès d'eux, et, ce que je n'aurais pas attendu de lui, il m'offrit quelque argent lorsque je me trouverais pressé de besoin. L'unique grâce que je lui demandai, dans les circonstances, fut de ne rien apprendre à Manon de la perte que j'avais faite et du sujet de notre conversation.

Je sortis de chez lui moins satisfait encore que je n'y étais entré; je me repentis même de lui avoir confié mon secret. Il n'avait rien fait pour moi que je n'eusse pu obtenir de même sans cette ouverture, et je craignais mortellement qu'il ne manquât à la promesse qu'il m'avait faite de ne rien découvrir à Manon. J'avais lieu d'appréhender aussi, par la déclaration de ses sentiments, qu'il ne formât le dessein de tirer parti d'elle, suivant ses propres termes, en l'enlevant de mes mains, ou du moins en lui conseillant de me quitter pour s'attacher à quelque amant plus riche et plus heureux. Je fis là-dessus mille réflexions, qui n'aboutirent qu'à me tourmenter et à renouveler le désespoir où j'avais été le matin. Il me vint plusieurs fois à l'esprit d'écrire à mon père, et de feindre une nouvelle conversion pour obtenir de lui quelque secours d'argent; mais je me rappelai aussitôt que, malgré toute sa bonté, il m'avait resserré six mois dans une étroite prison pour ma première faute; j'étais bien sûr qu'après un éclat tel que l'avait dû causer ma fuite de Saint-Sulpice, il me traiterait beaucoup plus rigoureusement.

Enfin, cette confusion de pensées en produisit une autre qui remit le calme tout d'un coup dans mon esprit, et que je m'étonnai de n'avoir pas eue plus tôt : ce fut de recourir à mon ami Tiberge, dans lequel j'étais bien certain de retrouver toujours le même fond de zèle et d'amitié. Rien n'est plus admirable et ne fait plus d'honneur à la vertu que la confiance avec laquelle on s'adresse aux personnes dont on connaît la probité; on sent qu'il n'y a point de risque à courir : si elles ne sont pas toujours en état d'offrir du secours, on est sûr qu'on en obtiendra du moins de la bonté et de la compassion. Le cœur, qui se ferme avec tant de soin au reste des hommes, s'ouvre naturellement en leur présence, comme une fleur s'épanouit à la lumière du soleil, dont elle n'attend qu'une douce influence.

Je regardai comme un effet de la protection du Ciel de m'être souvenu si à propos de Tiberge, et je résolus de chercher les moyens de le voir avant la fin du jour. Je retournai sur-le-champ au logis, pour lui écrire un mot et lui marquer un lieu propre à notre entretien. Je lui recommandai le silence et la discrétion comme un des plus importants services qu'il pût me rendre dans la situation de mes affaires.

La joie que l'espérance de le voir m'inspirait effaça les traces du chagrin que Manon n'aurait pas manqué d'apercevoir sur mon visage. Je lui parlai de notre malheur de Chaillot comme d'une bagatelle qui ne devait point l'alarmer; et, Paris étant le lieu du monde où elle se voyait avec le plus de plaisir, elle ne fût pas fâchée de m'entendre dire qu'il était à propos d'y demeurer jusqu'à ce qu'on eût réparé à Chaillot quelques légers effets de l'incendie.

Une heure après, je reçus la réponse de Tiberge, qui me promettait de se rendre au lieu de l'assignation. J'y courus avec impatience. Je sentais néanmoins quelque honte d'aller paraître aux yeux d'un ami dont la seule présence devait être un reproche de mes désordres; mais l'opinion que j'avais de la bonté de son cœur et l'intérêt de Manon soutinrent ma hardiesse.

Je l'avais prié de se trouver au jardin du Palais-Royal. Il y était avant moi. Il vint m'embrasser aussitôt qu'il m'eut aperçu. Il me tint longtemps serré entre ses bras, et je sentis mon visage mouillé de ses larmes. Je lui dis que je ne me présentais à lui qu'avec confusion et que je portais dans le cœur un vif sentiment de mon ingratitude; que la première chose dont je le conjurais était de m'apprendre s'il m'était encore permis de le regarder comme mon ami, après avoir mérité si justement de perdre son estime et son affection. Il me répondit, du ton le plus tendre, que rien n'était capable de le faire renoncer à cette qualité; que mes malheurs mêmes, et, si je lui permettais de le dire, mes fautes et mes désordres, avaient redoublé sa tendresse pour moi; mais que c'était une tendresse mêlée de la plus vive douleur, telle qu'on la sent pour une personne chère qu'on voit toucher à sa perte sans pouvoir la secourir.

Nous nous assîmes sur un banc.

« Hélas! lui dis-je avec un soupir parti du fond du cœur, votre compassion doit être excessive, mon cher Tiberge, si vous m'assurez qu'elle est égale à mes peines. J'ai honte de vous les laisser voir, car je confesse que la cause n'en est pas glorieuse; mais l'effet en est si triste qu'il n'est pas besoin de m'aimer autant que vous faites pour en être attendri. »

Il me demanda, comme une marque d'amitié, de lui raconter sans déguisement ce qui m'était arrivé depuis mon départ de Saint-Sulpice. Je le satisfis, et, loin d'altérer quelque chose à la vérité ou de diminuer mes fautes pour les faire trouver plus excusables, je lui parlai de ma passion avec toute la force qu'elle m'inspirait. Je la lui représentai comme un de ces coups particuliers du destin qui s'attache à la ruine d'un misérable, et dont il est aussi impossible à la vertu de se défendre, qu'il l'a été à la sagesse de les prévoir. Je lui fis une vive peinture de mes agitations, de mes craintes, du désespoir où j'étais deux heures avant que de le voir, et de celui dans lequel j'allais retomber si j'étais abandonné par mes amis aussi impitoyablement que par la fortune; enfin, j'attendris tellement le bon Tiberge, que je le vis aussi affligé par la compassion que je l'étais par le sentiment de mes peines.

Il ne se lassait point de m'embrasser et de m'exhorter à prendre du courage et de la consolation; mais, comme il supposait toujours qu'il fallait me séparer de Manon, je lui fis entendre nettement que c'était cette séparation même que je regardais comme la plus grande de mes infortunes, et que j'étais disposé à souffrir non seulement le dernier excès de la misère, mais la mort la plus cruelle, avant que de recevoir un remède plus insupportable que tous mes maux ensemble.

« Expliquez-vous donc, me dit-il; quelle espèce de secours suis-je capable de vous donner, si vous vous révoltez contre toutes mes propositions? »

Je n'osais lui déclarer que c'était de sa bourse que j'avais besoin. Il le comprit pourtant à la fin; et, m'ayant confessé qu'il croyait m'entendre, il demeura quelque temps suspendu, avec l'air d'une personne qui balance.

« Ne croyez pas, reprit-il bientôt, que ma rêverie vienne d'un refroidissement de zèle et d'amitié; mais à quelle alternative me réduisez-vous, s'il faut que je vous refuse le seul secours que vous voulez accepter, ou que je blesse mon devoir en vous l'accordant : car n'est-ce pas prendre part à votre désordre, que de vous y faire persévérer?

« Cependant, continua-il après avoir réfléchi un moment, je m'imagine que c'est peut-être l'état violent où l'indigence vous jette qui ne vous laisse pas assez de liberté pour choisir le meilleur parti. Il faut un esprit tranquille pour goûter la sagesse et la vérité. Je trouverai le moyen de vous faire avoir quelque argent. Permettez-moi, mon cher Chevalier, ajouta-t-il en m'embrassant, d'y mettre seulement une condition : c'est que vous m'apprendrez le lieu de votre demeure, et que vous souffrirez que je fasse du moins mes efforts pour vous ramener à la vertu, que je sais que vous aimez, et dont il n'y a que la violence de vos passions qui vous écarte. »

Je lui accordai sincèrement tout ce qu'il souhaitait, et je le priai de plaindre la malignité de mon sort, qui me faisait profiter si mal des conseils d'un ami si vertueux. Il me mena aussitôt chez un banquier de sa connaissance qui m'avança cent pistoles sur son billet : car il n'était rien moins qu'en argent comptant. J'ai déjà dit qu'il n'était pas riche. Son bénéfice valait mille écus ; mais comme c'était la première année qu'il le possédait, il n'avait encore rien touché du revenu : c'était sur les fruits futurs qu'il me faisait cette avance.

Je sentis tout le prix de sa générosité. J'en fus touché jusqu'au point de déplorer l'aveuglement d'un amour fatal qui me faisait violer tous les devoirs. La vertu eut assez de force pendant quelques moments pour s'élever dans mon cœur contre ma passion, et j'aperçus, du moins dans cet instant de lumière, la honte et l'indignité de mes chaînes; mais ce combat fut léger et dura peu. La vue de Manon m'aurait fait précipiter du ciel, et je m'étonnai, en me retrouvant près d'elle, que j'eusse pu traiter un moment de honteuse une tendresse si juste pour un objet si charmant.

Manon était une créature d'un caractère extraordinaire. Jamais fille n'eut moins d'attachement qu'elle pour l'argent; mais elle ne pouvait être tranquille un moment avec la crainte d'en manquer. C'était du plaisir et des passe-temps qu'il lui fallait; elle n'eût jamais voulu toucher un sou si l'on pouvait se divertir sans qu'il en coûte. Elle ne s'informait pas même quel était le fond de nos richesses, pourvu qu'elle pût passer agréablement la journée; de sorte que, n'étant ni excessivement livrée au jeu, ni capable d'être éblouie par le faste des grandes dépenses, rien n'était plus facile que de la satisfaire en lui faisant naître tous les jours des amusements de son goût. Mais c'était une chose si nécessaire pour elle d'être ainsi occupée par le plaisir, qu'il n'y avait pas le moindre fonds à faire sans cela sur son humeur et sur ses inclinations. Quoiqu'elle m'aimât tendrement, et que je fusse le seul, comme elle en convenait volontiers, qui pût lui faire goûter parfaitement les douceurs de l'amour, j'étais presque certain que sa tendresse ne tiendrait point contre de certaines craintes. Elle m'aurait préféré à toute la terre avec une fortune médiocre; mais je ne doutais nullement qu'elle ne m'abandonnât pour quelque nouveau B*** lorsqu'il ne me resterait que de la constance et de la fidélité à lui offrir.

Je résolus donc de régler si bien ma dépense particulière, que je fusse toujours en état de fournir aux siennes, et de me priver plutôt de mille choses nécessaires que de la borner même pour le superflu. Le carrosse m'effrayait plus que tout le reste, car il n'y avait point d'apparence de pouvoir entretenir des chevaux et un cocher.

Je découvris ma peine à M. Lescaut. Je ne lui avais point caché que j'eusse cent pistoles d'un ami. Il me répéta que, si je voulais tenter le hasard du jeu, il ne désespérait point qu'en sacrifiant de bonne grâce une centaine de francs pour traiter ses associés, je ne pusse être admis, à sa recommandation, dans la ligue de l'Industrie. Quelque répugnance que j'eusse à tromper, je me laissai entraîner par une cruelle nécessité.

M. Lescaut me présenta le soir même comme un de ses parents. Il ajouta que j'étais d'autant mieux disposé à réussir, que j'avais besoin des plus grandes faveurs de la Fortune. Cependant, pour faire connaître que ma misère n'était pas celle d'un homme de néant, il leur dit que j'étais dans le dessein de leur donner à souper. L'offre fut acceptée. Je les traitai magnifiquement. On s'entretint longtemps de la gentillesse de ma figure et de mes heureuses dispositions. On prétendit qu'il y avait beaucoup à espérer de moi, parce qu'ayant quelque chose dans la physionomie qui sentait l'honnête homme, personne ne se défierait de mes artifices. Enfin, on rendit grâces à M. Lescaut d'avoir procuré à l'ordre un novice de mon mérite, et l'on chargea un des chevaliers de me donner pendant quelques jours les instructions nécessaires.

Le principal théâtre de mes exploits devait être l'hôtel de Transylvanie, où il y avait une table de pharaon dans une salle, et divers autres jeux de cartes et de dés dans la galerie. Cette académie se tenait au profit de M. le prince de R*** qui demeurait alors à Clagny, et la plupart de ses officiers étaient de notre société. Le dirai-je à ma honte ? je profitai en peu de temps des leçons de mon maître. J'acquis surtout beaucoup d'habileté à faire une volte-face, à filer la carte; et, m'aidant fort bien d'une longue paire de manchettes, j'escamotais assez légèrement pour tromper les yeux des plus habiles, et ruiner sans affectation quantité d'honnêtes joueurs. Cette adresse extraordinaire hâta si fort les progrès de ma fortune, que je me trouvai en peu de semaines des sommes considérables, outre celles que je partageais de bonne foi avec mes associés.

Je ne craignis plus alors de découvrir à Manon notre perte de Chaillot, et, pour la consoler en lui apprenant cette fâcheuse nouvelle, je louai une maison garnie, où nous nous établîmes avec un air d'opulence et de sécurité.

Tiberge n'avait pas manqué, pendant ce temps-là, de me rendre de fréquentes visites. Sa morale ne finissait point. Il recommençait sans cesse à me représenter le tort que je faisais à ma conscience, à mon honneur et à ma fortune. Je recevais ses avis avec amitié, et, quoique je n'eusse pas la moindre disposition à les suivre, je lui savais bon gré de son zèle, parce que j'en connaissais la source.

Quelquefois je le raillais agréablement dans la présence même de Manon, et je l'exhortais à n'être pas plus scrupuleux qu'un grand nombre d'évêques et d'autres prêtres, qui savent accorder fort bien une maîtresse avec un bénéfice.

« Voyez, lui disais-je en lui montrant les yeux de la mienne, et dites-moi s'il y a des fautes qui ne soient pas justifiées par une si belle cause. »

Il prenait patience. Il la poussa même assez loin; mais lorsqu'il vit que mes richesses augmentaient, et que non seulement je lui avais restitué ses cent pistoles, mais qu'ayant loué une nouvelle maison et doublé ma dépense, j'allais me replonger plus que jamais dans les plaisirs, il changea entièrement de ton et de manières. Il se plaignit de mon endurcissement; il me menaça des châtiments du Ciel, et il me prédit une partie des malheurs qui ne tardèrent guère à m'arriver.

« Il est impossible, me dit-il, que les richesses qui servent à l'entretien de vos désordres vous soient venues par des voies légitimes. Vous les avez acquises injustement; elles vous seront ravies de même. La plus terrible punition de Dieu serait de vous en laisser jouir tranquillement. Tous mes conseils, ajouta-t-il, vous ont été inutiles; je ne prévois que trop qu'ils vous seraient bientôt importuns. Adieu, ingrat et faible ami! Puissent vos criminels plaisirs s'évanouir comme une ombre! Puissent votre fortune et votre argent périr sans ressource, et vous, rester seul et nu, pour sentir la vanité des biens qui vous ont follement enivré! C'est alors que vous me trouverez disposé à vous aimer et à vous servir; mais je romps aujourd'hui tout commerce avec vous, et je déteste la vie que vous menez! »

Ce fut dans ma chambre, aux yeux de Manon, qu'il me fit cette harangue apostolique. Il se leva pour se retirer. Je voulus le retenir, mais je fus arrêté par Manon, qui me dit que c'était un fou qu'il fallait laisser sortir.

Son discours ne laissa pas de faire quelque impression sur moi. Je remarque ainsi les diverses occasions où mon cœur sentit un retour vers le bien, parce que c'est à ce souvenir que j'ai dû ensuite une partie de ma force dans les plus malheureuses circonstances de ma vie.

Les caresses de Manon dissipèrent en un moment le chagrin que cette scène m'avait causé. Nous continuâmes de mener une vie toute composée de plaisirs et d'amour. L'augmentation de nos richesses redoubla notre affection. Vénus et la Fortune n'avaient point d'esclaves plus heureux et plus tendres. Dieu! pourquoi nommer le monde un lieu de misères, puisqu'on y peut goûter de si charmantes délices! Mais, hélas! leur faible est de passer trop vite. Quelle autre félicité voudrait-on se proposer, si elles étaient de nature à durer toujours? Les nôtres eurent le sort commun, c'est-à-dire de durer peu et d'être suivies par des regrets amers.

J'avais fait au jeu des gains si considérables, que je pensais à placer une partie de mon argent. Mes domestiques n'ignoraient pas mes succès, surtout mon valet de chambre et la suivante de Manon, devant lesquels nous nous entretenions souvent sans défiance. Cette fille était jolie. Mon valet de chambre en était amoureux. Ils avaient à faire à des maîtres jeunes et faciles, qu'ils s'imaginèrent pouvoir tromper aisément. Ils en conçurent le dessein, et ils l'exécutèrent si malheureusement pour nous, qu'ils nous mirent dans un état dont il ne nous a jamais été possible de nous relever.

M. Lescaut nous ayant un jour donné à souper, il était environ minuit lorsque nous retournâmes au logis. J'appelai mon valet, et Manon sa femme de chambre; ni l'un ni l'autre ne parurent. On nous dit qu'ils n'avaient point été vus dans la maison depuis huit heures, et qu'ils étaient sortis après avoir fait transporter quelques caisses, suivant les ordres qu'ils disaient avoir reçus de moi. Je pressentis une partie de la vérité, mais je ne formai point de soupçons qui ne fussent surpassés par ce que j'aperçus en entrant dans ma chambre. La serrure de mon cabinet avait été forcée, et mon argent enlevé avec tous mes habits. Dans le temps que je réfléchissais seul sur cet accident, Manon vint toute effrayée m'apprendre qu'on avait fait le même ravage dans son appartement.

Le coup me parut si cruel, qu'il n'y eut qu'un effort extraordinaire de raison qui m'empêcha de me livrer aux cris et aux pleurs. La crainte de communiquer mon désespoir à Manon me fit affecter de prendre un visage tranquille. Je lui dis en badinant que je me vengerais sur quelque dupe à l'hôtel de Transylvanie. Cependant elle me sembla si sensible à notre malheur, que sa tristesse eut bien plus de force pour m'affliger que ma joie feinte n'en avait eu pour l'empêcher d'être trop abattue.

« Nous sommes perdus ! » me dit-elle, les larmes aux yeux.

Je m'efforçai en vain de la consoler par mes caresses. Mes propres pleurs trahissaient mon désespoir et ma consternation. En effet, nous étions ruinés si absolument qu'il ne nous restait pas une chemise.

Je pris le parti d'envoyer chercher sur-le-champ M. Lescaut. Il me conseilla d'aller à l'heure même chez M. le lieutenant de Police et M. le Grand Prévôt de Paris. J'y allai, mais ce fut pour mon plus grand malheur; car, outre que cette démarche et celles que je fis faire à ces deux officiers de justice ne produisirent rien, je donnai le temps à Lescaut d'entretenir sa sœur, et de lui inspirer pendant mon absence une horrible résolution. Il lui parla de M. de G*** M***, vieux voluptueux, qui payait prodiguement les plaisirs, et lui fit envisager tant d'avantages à se mettre à sa solde, que, troublée comme elle l'était par notre disgrâce, elle entra dans tout ce qu'il entreprit de lui persuader. Cet honorable marché fut conclu avant mon retour, et l'exécution remise au lendemain, après que Lescaut aurait prévenu M. de G*** M***.

Je le trouvai qui m'attendait au logis; mais Manon s'était couchée dans son appartement, et elle avait donné ordre à son laquais de me dire qu'ayant besoin d'un peu de repos, elle me priait de la laisser seule pendant cette nuit. Lescaut me quitta après m'avoir offert quelques pistoles que j'acceptai.

Il était près de quatre heures lorsque je me mis au lit, et, m'y étant encore occupé longtemps des moyens de rétablir ma fortune, je m'endormis si tard, que je ne pus me réveiller que vers onze heures ou midi.

Je me levai promptement pour aller m'informer de la santé de Manon; on me dit qu'elle était sortie une heure auparavant, avec son frère, qui était venu la prendre dans un carrosse de louage. Quoiqu'une telle partie faite avec Lescaut me parût mystérieuse, je me fis violence pour suspendre mes soupçons. Je laissai couler quelques heures, que je passai à lire. Enfin, n'étant plus le maître de mon inquiétude, je me promenai à grands pas dans nos appartements. J'aperçus dans celui de Manon une lettre cachetée qui était sur sa table. L'adresse était à moi et l'écriture de sa main. Je l'ouvris avec un frisson mortel. Elle était dans ces termes :

« Je te jure, mon cher Chevalier, que tu « es l'idole de mon cœur, et qu'il n'y a que « toi au monde que je puisse aimer de la « façon dont je t'aime; mais ne vois-tu pas, « ma pauvre chère âme, que dans l'état où « nous sommes réduits, c'est une sotte vertu « que la fidélité? Crois-tu qu'on puisse être « bien tendre lorsqu'on manque de pain? « La faim me causerait quelque méprise « fatale; je rendrais quelque jour le dernier « soupir en croyant en pousser un d'amour. « Je t'adore, compte là-dessus; mais laisse-« moi pour quelque temps le ménagement « de notre fortune. Malheur à qui va tom-

« ber dans mes filets ! Je travaille pour ren-
« dre mon chevalier riche et heureux. Mon
« frère t'apprendra des nouvelles de ta Ma-
« non, et qu'elle a pleuré de la nécessité de
« te quitter. »

Je demeurai, après cette lecture, dans un état qui me serait difficile à décrire, car j'ignore encore aujourd'hui par quelle espèce de sentiments je fus alors agité. Ce fut une de ces situations uniques, auxquelles on n'a rien éprouvé qui soit semblable ; on ne saurait les expliquer aux autres, parce qu'ils n'en ont pas l'idée ; et l'on a peine à se les bien démêler à soi-même, parce qu'étant seules de leur espèce, cela ne se lie à rien dans la mémoire, et ne peut être même rapproché d'aucun sentiment connu. Cependant, de quelque nature que fussent les miens, il est certain qu'il devait y entrer de la douleur, du dépit, de la jalousie et de la honte. Heureux s'il n'y fut pas entré encore plus d'amour !

« Elle m'aime, je veux le croire ; mais ne faudrait-il pas, m'écriai-je, qu'elle fût un monstre pour me haïr ? Quels droits eut-on jamais sur un cœur que je n'aie pas sur le sien ? Que me reste-t-il à faire pour elle, après tout ce que je lui ai sacrifié ? Cependant elle m'abandonne, et l'ingrate se croit à couvert de mes reproches en me disant qu'elle ne cesse pas de m'aimer! Elle appréhende la faim! Dieu d'amour! quelle grossièreté de sentiments, et que c'est répondre mal à ma délicatesse! Je ne l'ai pas appréhendée moi qui m'y expose si volontiers pour elle, en renonçant à ma fortune et aux douceurs de la maison de mon père; moi qui me suis retranché jusqu'au nécessaire pour satisfaire ses petites humeurs et ses caprices! Elle m'adore, dit-elle. Si tu m'adorais, ingrate, je sais bien de qui tu aurais pris des conseils; tu ne m'aurais pas quitté, du moins, sans me dire adieu. C'est à moi qu'il faut demander quelles peines cruelles on sent à se séparer de ce qu'on adore. Il faudrait avoir perdu l'esprit pour s'y exposer volontairement. »

Mes plaintes furent interrompues par une visite à laquelle je ne m'attendais pas; ce fut celle de Lescaut.

« Bourreau! lui dis-je en mettant l'épée à la main, où est Manon? Qu'en as-tu fait? »

Ce mouvement l'effraya : il me répondit que si c'était ainsi que je le recevais lorsqu'il venait me rendre compte du service le plus considérable qu'il eût pu me rendre, il allait se retirer et ne remettrait jamais le pied chez moi.

Je courus à la porte de la chambre que je fermai soigneusement.

« Ne t'imagine pas, lui dis-je en me tournant vers lui, que tu puisses me prendre encore une fois pour dupe, et me tromper par des fables : il faut défendre ta vie ou me faire retrouver Manon !

— Là ! que vous êtes vif ! repartit-il. C'est l'unique sujet qui m'amène. Je viens vous annoncer un bonheur auquel vous ne pensez pas, et pour lequel vous reconnaîtrez peut-être que vous m'avez quelque obligation. »

Je voulus être éclairci sur-le-champ.

Il me raconta que Manon, ne pouvant soutenir la crainte de la misère, et surtout l'idée d'être obligée tout d'un coup à la réforme de notre équipage, l'avait prié de lui procurer la connaissance de M. de G*** M***, qui passait pour un homme généreux. Il n'eût garde de me dire que le conseil était venu de lui, ni qu'il eût préparé les voies avant de l'y conduire.

« Je l'y ai menée ce matin, continua-t-il, et cet honnête homme a été si charmé de son mérite, qu'il l'a invitée d'abord à lui tenir compagnie à sa maison de campagne, où il est allé passer quelques jours.

« Moi, ajouta Lescaut, qui ai pénétré tout d'un coup de quel avantage cela pouvait être pour vous, je lui ai fait entendre adroitement que Manon avait essuyé des

Nous étions encore au lit lorsqu'un
exempt de police entra
dans notre chambre... (Page 101.)

pertes considérables ; et j'ai tellement piqué sa générosité, qu'il a commencé par lui faire un présent de deux cents pistoles. Je lui ai dit que cela était honnête pour le présent, mais que l'avenir amènerait à ma sœur de grands besoins ; qu'elle s'était chargée d'ailleurs du soin d'un jeune frère, qui nous était resté sur les bras après la mort de nos père et mère, et que, s'il la croyait digne de son estime, il ne la laisserait pas souffrir dans ce pauvre enfant, qu'elle regardait comme la moitié d'elle-même. Ce récit n'a pas manqué de l'attendrir. Il s'est engagé à louer une maison commode pour vous et pour Manon : c'est vous-même qui êtes ce pauvre petit orphelin ; il a promis de vous meubler proprement et de vous fournir tous les mois quatre cents bonnes livres, qui en feront, si je compte bien, quatre mille huit cents à la fin de chaque année. Il a laissé ordre à son intendant, avant que de partir pour sa maison de campagne, de chercher une maison et de la tenir prête pour son retour. Vous reverrez alors Manon, qui m'a chargé de vous embrasser mille fois pour elle, et de vous assurer qu'elle vous aime plus que jamais. »

Je m'assis en rêvant à cette bizarre disposition de mon sort ; je me trouvai dans un partage de sentiments, et par conséquent dans une incertitude si difficile à terminer, que je demeurai longtemps sans répondre à quantité de questions que Lescaut me faisait l'une sur l'autre. Ce fut dans ce moment que l'honneur et la vertu me firent sentir encore les pointes du remords, et que je jetai les yeux en soupirant vers Amiens, vers la maison de mon père, vers Saint-Sulpice, et vers tous les lieux où j'avais vécu dans l'innocence. Par quel immense espace n'étais-je pas séparé de cet heureux état ! Je ne le voyais plus que de loin, comme une ombre qui s'attirait encore à mes regrets et mes désirs, mais trop faible pour exciter mes efforts.

« Par quelle fatalité, disais-je, suis-je devenu si criminel ? L'amour est une passion innocente : comment s'est-il changé pour moi en une source de misères et de désordres ? Qui m'empêchait de vivre tranquille et vertueux avec Manon ? Pourquoi ne l'épousais-je point avant que d'obtenir rien de son amour ? Mon père, qui m'aimait si tendrement, n'y aurait-il pas consenti si je l'en eusse pressé avec des instances légitimes ? Ah ! mon père l'aurait chérie lui-même comme une fille charmante, trop digne d'être la femme de son fils ; je serais heureux avec l'amour de Manon, avec l'affection de mon père, avec l'estime des honnêtes gens, avec les biens de la fortune et la tranquillité de la vertu. Revers funestes ! Quel est l'infâme personnage qu'on vient ici me proposer ? Quoi ! j'irais partager ?... Mais y a-t-il à balancer si c'est Manon qui l'a réglé, et si je la perds sans cette complaisance ? — M. Lescaut, m'écriai-je en fermant les yeux, comme pour écarter de si chagrinantes réflexions, si vous avez eu dessein de me servir, je vous rends grâces, vous auriez pu prendre une voie plus honnête ; mais c'est une chose finie, n'est-ce pas ? Ne pensons donc plus qu'à profiter de vos soins et à remplir votre projet. »

Lescaut, à qui ma colère, suivie d'un fort long silence, avait causé de l'embarras, fut ravi de me voir prendre un parti tout différent de celui qu'il avait appréhendé sans doute ; il n'était rien moins que brave, et j'en eus de meilleures preuves dans la suite.

« Oui, oui, se hâta-t-il de me répondre, c'est un fort bon service que je vous ai rendu, et vous verrez que nous en tirerons plus d'avantages que vous ne vous y attendez. »

Nous concertâmes de quelle manière nous pourrions prévenir les défiances que M. de G*** M*** pouvait concevoir de notre fraternité, en me voyant plus grand et un peu plus âgé peut-être qu'il ne se l'imaginait.

Nous ne trouvâmes point d'autre moyen que de prendre devant lui un air simple et provincial, et de lui faire croire que j'étais dans le dessein d'entrer dans l'état ecclésiastique, et que j'allais pour cela tous les jours au collège. Nous résolûmes aussi que je me mettrais fort mal la première fois que je serais admis à l'honneur de le saluer.

Il revint à la ville trois ou quatre jours après; il conduisit lui-même Manon dans la maison que son intendant avait eu soin de préparer. Elle fit avertir aussitôt Lescaut de son retour, et celui-ci m'en ayant donné avis, nous nous rendîmes tous deux chez elle.

Le vieil amant en était déjà sorti.

Malgré la résignation avec laquelle je m'étais soumis à ses volontés, je ne pus réprimer le murmure de mon cœur en la revoyant. Je lui parus triste et languissant; la joie de la retrouver ne l'emportait pas tout à fait sur le chagrin de son infidélité. Elle, au contraire, paraissait transportée du plaisir de me revoir; elle me fit des reproches de ma froideur; je ne pus m'empêcher de laisser échapper les noms de perfide et d'infidèle, que j'accompagnai d'autant de soupirs.

Elle me railla d'abord de ma simplicité; mais lorsqu'elle vit mes regards s'attacher toujours tristement sur elle, et la peine que j'avais à digérer un changement si contraire à mon humeur et à mes désirs, elle passa seule dans son cabinet ; je la suivis un moment après. Je l'y trouvai toute en pleurs ; je lui demandai ce qui les causait.

« Il t'est bien aisé de le voir, me dit-elle ; comment veux-tu que je vive si ma vue n'est plus propre qu'à te causer un air sombre et chagrin ? Tu ne m'as pas fait une seule caresse depuis une heure que tu es ici, et tu as reçu les miennes avec la majesté du Grand Turc au sérail.

— Ecoutez, Manon, lui répondis-je en l'embrassant, je ne puis vous cacher que j'ai le cœur mortellement affligé. Je ne parle point à présent des alarmes où votre fuite imprévue m'a jeté, ni de la cruauté que vous avez eue de m'abandonner sans un mot de consolation, après avoir passé la nuit dans un autre lit que moi ; le charme de votre présence m'en ferait oublier davantage. Mais croyez-vous que je puisse penser sans soupirs, et même sans larmes, continuai-je en en versant quelques-unes, à la triste et malheureuse vie que vous voulez que je mène dans cette maison ? Laissons ma naissance et mon honneur à part : ce ne sont plus des raisons si faibles qui doivent entrer en concurrence avec un amour tel que le mien ;

mais cet amour même, ne vous imaginez-vous pas qu'il gémit de se voir si mal récompensé, ou plutôt traité si cruellement par une ingrate et dure maîtresse ?... »

Elle m'interrompit.

« Tenez, dit-elle, mon Chevalier, il est inutile de me tourmenter par des reproches qui me percent le cœur lorsqu'ils viennent de vous. Je vois ce qui vous blesse. J'avais espéré que vous consentiriez au projet que j'avais fait pour rétablir notre fortune, et c'était pour ménager votre délicatesse que j'avais commencé à l'exécuter sans votre participation ; mais, j'y renonce puisque vous ne l'approuvez pas. »

Elle ajouta qu'elle ne me demandait qu'un peu de complaisance pour le reste du jour ; qu'elle avait déjà reçu deux cents pistoles de son vieil amant ; qu'il lui avait promis de lui apporter le soir un beau collier de perles, avec d'autres bijoux, et par-dessus cela la moitié de la pension annuelle qu'il lui avait promise.

« Laissez-moi seulement le temps, me dit-elle, de recevoir ses présents ; je vous jure qu'il ne pourra se vanter des avantages que je lui ai donnés sur moi, car je l'ai remis jusqu'à présent à la ville. Il est vrai qu'il m'a baisé plus d'un million de fois les mains ; il est juste qu'il paie ce plaisir, et ce ne sera point trop de cinq ou six mille francs, en proportionnant le prix à ses richesses et à son âge. »

Sa résolution me fut beaucoup plus agréable que l'espérance de cinq milles livres. J'eus lieu de reconnaître que mon cœur n'avait point encore perdu tout sentiment d'honneur, puisqu'il était si satisfait d'échapper à l'infamie. Mais j'étais né pour les courtes joies et les longues douleurs. La Fortune ne me délivra d'un précipice que pour me faire tomber dans un autre. Lorsque j'eus marqué à Manon, par mille caresses, combien je me croyais heureux de son changement, je lui dis qu'il fallait en instruire M. Lescaut, afin que nos mesures se prissent de concert. Il en murmura d'abord ; mais les quatre ou cinq mille livres d'argent comptant le firent entrer gaîment dans nos vues. Il fut donc réglé que nous nous trouverions tous à souper avec M. de G*** M***, et cela pour deux raisons : l'une pour nous donner le plaisir d'une scène agréable, en me faisant passer pour un écolier, frère de Manon ; l'autre pour empêcher ce vieux libertin de s'émanciper trop avec sa maîtresse, par le droit qu'il croirait s'être acquis en payant si libéralement d'avance. Nous devions nous retirer, Lescaut et moi, lorsqu'il monterait à la chambre où il comptait passer la nuit, et Manon, au lieu de le suivre, nous promit de sortir et de la venir passer avec moi. Lescaut se chargea du soin d'avoir exactement un carrosse à la porte.

L'heure du souper étant venue, M. de G*** M*** ne se fit pas attendre longtemps. Lescaut était avec sa sœur dans la salle. Le premier compliment du vieillard fut d'offrir à sa belle un collier, des bracelets et des pendants de perles, qui valaient au moins mille écus. Il lui compta ensuite, en beaux louis d'or, la somme de deux mille quatre cents livres, qui faisaient la moitié de la pension. Il assaisonna son présent de quantité de douceurs dans le goût de la vieille cour. Manon ne put lui refuser quelques baisers; c'était autant de droits qu'elle acquérait sur l'argent qu'il lui mettait entre les mains. J'étais à la porte, où je prêtais l'oreille, en attendant que Lescaut m'avertît d'entrer.

Il vint me prendre par la main, lorsque Manon eut serré l'argent et les bijoux; me conduisant vers M. de G*** M***, il m'ordonna de lui faire la révérence. J'en fis deux ou trois des plus profondes.

« Excusez, Monsieur, lui dit Lescaut; c'est un enfant fort neuf. Il est bien éloigné, comme vous le voyez, d'avoir les airs de Paris; mais nous espérons qu'un peu d'usage le façonnera. Vous aurez l'honneur de voir ici souvent Monsieur, ajouta-t-il en se tournant vers moi; faites bien votre profit d'un si beau modèle. »

Le vieil amant parut prendre plaisir à me voir. Il me donna deux ou trois petits coups sur la joue, en me disant que j'étais un joli garçon, mais qu'il fallait être sur mes gardes à Paris, où les jeunes gens se laissent aller facilement à la débauche. Lescaut l'assura que j'étais naturellement si sage, que je ne parlais que de me faire prêtre, et que tout mon plaisir était à faire de petites chapelles.

« Je lui trouve l'air de Manon », reprit le vieillard en me haussant le menton avec la main.

Je répondis d'un air niais :

« Monsieur, c'est que nos deux chairs se touchent de bien proche ; aussi j'aime ma sœur Manon comme un autre moi-même.

— L'entendez-vous? dit-il à Lescaut. Il a de l'esprit. C'est dommage que cet enfant-là n'ait pas un peu plus de monde.

— Oh! Monsieur, repris-je, j'en ai vu beaucoup chez nous dans les églises, et je crois bien que j'en trouverai à Paris de plus sots que moi.

— Voyez! ajouta-t-il, cela est admirable pour un enfant de province. »

Toute notre conversation fut à peu près du même goût pendant le souper. Manon, qui était badine, fut sur le point plusieurs fois de gâter tout par ses éclats de rire. Je trouvai l'occasion, en soupant, de lui raconter sa propre histoire et le mauvais sort qui le menaçait. Lescaut et Manon tremblaient pendant mon récit, surtout lorsque je faisais son portrait au naturel ; mais l'amour-propre l'empêcha de s'y reconnaître, et je l'achevai si adroitement, qu'il fut le premier à le trouver fort risible. Vous verrez que ce n'est pas sans raison que je me suis étendu sur cette ridicule scène.

Enfin, l'heure du sommeil étant arrivée, il parla d'amour et d'impatience. Nous nous retirâmes, Lescaut et moi. On le conduisit à sa chambre, et Manon, étant sortie sous prétexte d'un besoin, nous vint joindre à la porte.

Le carrosse, qui nous attendait trois ou quatre maisons plus bas, s'avança pour nous recevoir. Nous nous éloignâmes en un instant du quartier.

Quoique à mes propres yeux, cette action fût une véritable friponnerie, ce n'était pas la plus injuste que je crusse avoir à me reprocher. J'avais plus de scrupule sur l'argent que j'avais acquis au jeu. Cependant nous profitâmes aussi peu de l'un que de l'autre, et le Ciel permit que la plus légère des deux injustices fût la plus rigoureusement punie.

M. de G*** M*** ne tarda pas longtemps à s'apercevoir qu'il était dupé. Je ne sais s'il fit, dès le soir même, quelques démarches pour nous découvrir, mais il eut assez de crédit pour n'en pas faire longtemps d'inutiles, et nous assez d'imprudence pour compter trop sur la grandeur de Paris et sur l'éloignement qu'il y avait de notre quartier au sien. Non seulement il fut informé de notre demeure et de nos affaires présentes, mais il apprit aussi qui j'étais, la vie que j'avais menée à Paris, l'ancienne liaison de Manon avec de B***, la tromperie qu'elle lui avait faite; en un mot, toutes les parties scandaleuses de notre histoire. Il prit là-dessus la résolution de nous faire arrêter, et de nous faire traiter moins comme des criminels que comme de fieffés libertins. Nous étions encore au lit lorsqu'un exempt de police entra dans notre chambre avec une demi-douzaine de gardes. Ils se saisirent d'abord de notre argent, ou plutôt de celui de M. de G*** M***, et nous ayant fait lever brusquement, ils nous conduisirent à la porte, où nous trouvâmes deux carrosses, dans l'un desquels la pauvre Manon fut enlevée sans explication, et moi, traîné dans l'autre à Saint-Lazare.

Il faut avoir éprouvé de tels revers pour juger du désespoir qu'ils peuvent causer. Nos gardes eurent la dureté de ne pas me permettre d'embrasser Manon ni de lui dire une parole. J'ignorai longtemps ce qu'elle était devenue. Ce fut sans doute un bonheur pour moi de ne l'avoir pas su d'abord, car une catastrophe si terrible m'aurait fait perdre le sens et peut-être la vie.

Ma malheureuse maîtresse fut donc enlevée à mes yeux, et menée dans une retraite que j'ai horreur de nommer. Quel sort pour une créature toute charmante, qui eut occupé le premier trône du monde si tous les hommes eussent eu mes yeux et mon cœur! On ne l'y traita pas barbare ment; mais elle fut resserrée dans une étroite prison, seule, et condamnée à remplir tous les jours une certaine tâche de travail, comme une condition nécessaire pour obtenir quelque dégoûtante nourriture. Je n'appris ce détail que longtemps après, lorsque j'eus essuyé moi-même plusieurs mois d'une rude et ennuyeuse pénitence. Mes gardes ne m'ayant point averti non plus du lieu où ils avaient ordre de me conduire, je ne connus mon destin qu'à la porte de Saint-Lazare. J'aurais préféré la mort, dans ce moment, à l'état où je me crus près de tomber. J'avais de terribles idées de cette maison. Ma frayeur augmenta lorsqu'en entrant les gardes visitèrent une seconde fois mes poches, pour s'assurer qu'il me ne restait ni armes ni moyens de défense.

Le supérieur parut à l'instant; il était prévenu de mon arrivée. Il me salua avec beaucoup de douceur.

« Mon Père, lui dis-je, point d'indignités; je perdrai mille vies avant que d'en souffrir une !

— Non, non, Monsieur, me répondit-il; vous prendrez une conduite sage, et nous serons contents l'un de l'autre. »

Il me pria de monter dans une chambre haute. Je le suivis sans résistance. Les archers nous accompagnèrent jusqu'à la porte, et le supérieur, y étant entré avec moi, leur fit signe de se retirer.

« Je suis votre prisonnier? lui dis-je. Eh bien! mon Père, que prétendez-vous faire de moi? »

Il me dit qu'il était charmé de me voir prendre un ton raisonnable; que son devoir serait de travailler à m'inspirer le goût de la vertu et de la religion, et le mien de profiter de ses exhortations et de ses conseils; que, pour peu que je voulusse répondre aux attentions qu'il aurait pour moi, je ne trouverais que du plaisir dans ma solitude.

« Ah ! du plaisir, repris-je ; vous ne savez pas, mon Père, l'unique chose qui est capable de m'en faire goûter ?

— Je le sais, reprit-il ; mais j'espère que votre inclination changera. »

Sa réponse me fit comprendre qu'il était instruit de mes aventures, et peut-être de mon nom. Je le priai de m'éclaircir. Il me dit naturellement qu'on l'avait informé de tout.

Cette connaissance fut le plus rude de tous mes châtiments. Je me mis à verser un ruisseau de larmes, avec toutes les marques d'un affreux désespoir. Je ne pouvais me consoler d'une humiliation qui allait me rendre la fable de toutes les personnes de ma connaissance et la honte de ma famille. Je passai ainsi huit jours dans le plus profond abattement, sans être capable de rien entendre, ni de m'occuper d'autre chose que de mon opprobre. Le souvenir même de Manon n'ajoutait rien à ma douleur ; il n'y entrait du moins que comme un sentiment qui avait précédé cette nouvelle peine, et la passion dominante de mon âme était la honte et la confusion.

Il y a peu de personnes qui connaissent la force de ces mouvements particuliers du cœur. Le commun des hommes n'est sensible qu'à cinq ou six passions, dans le cercle desquelles leur vie se passe, et où toutes leurs agitations se réduisent. Otez-leur l'amour et la haine, le plaisir et la douleur, l'espérance et la crainte, ils ne sentent plus rien. Mais les personnes d'un caractère plus noble peuvent être remuées de mille façons différentes : il semble qu'elles aient plus de cinq sens, et qu'elles puissent recevoir des idées et des sensations qui passent les bornes ordinaires de la nature ; et comme elles ont un sentiment de cette grandeur, qui les élève au-dessus du vulgaire, il n'y a rien dont elles ne soient plus jalouses. De là vient qu'elles souffrent si impatiemment le mépris et la risée, et que la honte est une de leurs plus violentes passions.

J'avais ce triste avantage à Saint-Lazare. Ma tristesse parut si excessive au supérieur, qu'en appréhendant les suites, il crut devoir me traiter avec beaucoup de douceur et d'indulgence. Il me visitait deux ou trois fois le jour. Il me prenait souvent avec lui pour faire un tour dans le jardin, et son zèle s'épuisait en exhortations et en avis salutaires. Je les recevais avec douceur. Je lui marquais même de la reconnaissance. Il en tirait l'espoir de ma conversion.

« Vous êtes d'un naturel si doux et si aimable, me dit-il un jour, que je ne puis comprendre les désordres dont on vous accuse. Deux choses m'étonnent : l'une, comment, avec de si bonnes qualités, vous avez pu vous livrer à l'excès du libertinage, et l'autre que j'admire encore plus, comment vous recevez si volontiers mes conseils et mes instructions après avoir vécu plusieurs années dans l'habitude du désordre. Si c'est repentir, vous êtes un exemple signalé des miséricordes du Ciel ; si c'est bonté naturelle, vous avez du moins un excellent fond de caractère, qui me fait espérer que nous n'aurons pas besoin de vous retenir ici longtemps pour vous ramener à une vie honnête et réglée. »

Je fus ravi de lui voir cette opinion de moi. Je résolus de l'augmenter par une conduite qui pût le satisfaire entièrement, persuadé que c'était le plus sûr moyen d'abréger ma prison. Je lui demandai des livres. Il fut surpris que, m'ayant laissé le choix de ceux que je voulais lire, je me déterminai pour des auteurs sérieux. Je feignis de m'appliquer à l'étude avec le dernier attachement, et je lui donnai ainsi, dans toutes les occasions, des preuves du changement qu'il désirait.

Cependant il n'était qu'extérieur. Je dois le confesser à ma honte, je jouai à Saint-Lazare un personnage d'hypocrite. Au lieu d'étudier, quand j'étais seul, je ne m'occupais qu'à gémir de ma destinée. Je maudissais ma prison et la tyranie qui m'y retenait. Je n'eus pas plutôt quelques relâches du côté de cet accablement où m'avait jeté la confusion, que je retombai dans les tourments de l'amour. L'absence de Manon, l'incertitude de son sort, la crainte de ne la revoir jamais, étaient l'unique objet de mes tristes méditations. Je me la figurais dans les bras de G*** M***, car c'était la pensée que j'avais eue d'abord; et loin de m'imaginer qu'il lui eût fait le même traitement qu'à moi, j'étais persuadé qu'il ne m'avait fait éloigner que pour la posséder tranquillement.

Je passai ainsi des jours et des nuits dont la longueur me paraissait éternelle. Je n'avais d'espérance que dans le succès de mon hypocrisie. J'observais soigneusement le visage et les discours du supérieur, pour m'assurer de ce qu'il pensait de moi, et je me faisais une étude de lui plaire comme à l'arbitre de ma destinée. Il me fut aisé de reconnaître que j'étais parfaitement dans ses bonnes grâces. Je ne doutai plus qu'il ne fût disposé à me rendre service.

Je pris un jour la hardiesse de lui demander si c'était de lui que mon élargissement dépendait. Il me dit qu'il n'en était pas absolument le maître; mais que, sur son témoignage, il espérait que M. de G*** M***, à la sollicitation duquel M. le lieutenant général de Police m'avait fait renfermer, consentirait à me rendre la liberté.

« Puis-je me flatter, repris-je doucement, que deux mois de prison que j'ai déjà essuyés lui paraîtront une expiation suffisante ? »

Il me promit de lui en parler, si je le souhaitais. Je le priai instamment de me rendre ce bon office.

Il m'apprit deux jours après que M. de G*** M*** avait été si touché du bien qu'il avait entendu de moi, que non seulement il paraissait être dans le dessein de me laisser voir le jour, mais qu'il avait même marqué beaucoup d'envie de me connaître plus particulièrement, et qu'il se proposait de me rendre une visite dans ma prison. Quoique sa présence ne pût m'être agréable, je la regardai comme un acheminement prochain à ma liberté.

Il vint effectivement à Saint-Lazare. Je lui trouvai l'air plus grave et moins sot qu'il ne l'avait eu dans la maison de Manon. Il me tint quelques discours de bon sens sur ma mauvaise conduite. Il ajouta, pour justifier apparemment ses propres désordres, qu'il était permis à la faiblesse des hommes de se procurer certains plaisirs que la nature exige, mais que la friponnerie et les artifices honteux méritaient d'être punis.

Je l'écoutai avec un air de soumission dont il parut satisfait. Je ne m'offensais pas même de lui entendre lâcher quelques railleries sur ma fraternité avec Lescaut et Manon, et sur les petites chapelles dont il supposait, me dit-il, que j'avais dû faire un grand nombre à Saint-Lazare, puisque je trouvais tant de plaisir à cette pieuse occupation. Mais il lui échappa, malheureusement pour lui et pour moi-même, de me dire que Manon en aurait fait aussi sans doute de fort jolies à l'hôpital. Malgré le frémissement que le nom d'hôpital me causa, j'eus encore le pouvoir de le prier avec douceur de s'expliquer.

« Hé, oui! reprit-il, il y a deux mois qu'elle apprend la sagesse à l'Hôpital Général, et je souhaite qu'elle en ait tiré autant de profit que vous à Saint-Lazare. »

Quand j'aurais eu une prison éternelle, ou la mort même présente à mes yeux, je n'aurais pas été maître de mon transport à cette affreuse nouvelle. Je me jetai sur lui avec une si furieuse rage, que j'en perdis la moitié de mes forces. J'en eus assez, néanmoins pour le renverser par terre, et pour le prendre à la gorge. Je l'étranglais, lorsque le bruit de sa chute et quelques cris aigus que je lui laissais à peine la liberté de pousser attirèrent le supérieur et plusieurs religieux dans ma chambre. On le délivra de mes mains.

J'avais presque perdu moi-même la force et la respiration.

« O Dieu! m'écriai-je en poussant mille soupirs; justice du Ciel! faut-il que je vive un moment après une telle infamie! »

Je voulus me jeter encore sur le barbare qui venait de m'assassiner. On m'arrêta. Mon désespoir, mes cris et mes larmes passaient toute imagination. Je fis des choses si étonnantes, que tous les assistants, qui en ignoraient la cause, se regardaient les uns les autres avec autant de frayeur que de surprise.

M. de G*** M*** rajustait pendant ce temps-là sa perruque et sa cravate, et, dans le dépit d'avoir été si maltraité, il ordonnait au supérieur de me resserrer plus étroitement que jamais, et de me punir par tous les châtiments qu'on sait être propres à Saint-Lazare.

« Non, Monsieur, lui dit le supérieur; ce n'est point avec une personne de la naissance de M. le chevalier que nous en usons de cette manière. Il est si doux, d'ailleurs, et si honnête, que j'ai peine à comprendre qu'il se soit porté à cet excès sans de fortes raisons. »

Cette réponse acheva de déconcerter M. de G*** M***. Il sortit en disant qu'il saurait faire plier et le supérieur et moi, et tous ceux qui oseraient lui résister.

Le supérieur, ayant ordonné à ses religieux de le conduire, demeura seul avec moi. Il me conjura de lui apprendre promptement d'où venait ce désordre.

« O mon Père! lui dis-je en continuant de pleurer comme un enfant, figurez-vous la plus horrible cruauté; imaginez-vous la plus détestable de toutes les barbaries: c'est l'action que l'indigne G*** M*** a eu la lâcheté de commettre. Oh! il m'a percé le cœur. Je n'en reviendrai jamais. Je veux vous raconter tout, ajoutai-je en sanglotant. Vous êtes bon; vous aurez pitié de moi. »

Je lui fis un récit abrégé de la longue et insurmontable passion que j'avais pour Manon; de la situation florissante de notre fortune avant que nous eussions été dépouillés par nos propres domestiques; des offres que G*** M*** avait faites à ma maîtresse; de la conclusion de leur marché, et de la manière dont il avait été rompu. Je lui représentai les choses, à la vérité, du côté le plus favorable pour nous.

« Voilà, continuai-je, de quelle source est venu le zèle de M. de G*** M*** pour ma conversion. Il a eu le crédit de me faire renfermer ici par un pur motif de vengeance. Je lui pardonne; mais, mon Père, ce n'est pas tout; il a fait enlever cruellement la plus chère moitié de moi-même; il l'a fait mettre honteusement à l'hôpital ; il a eu l'impudence de me l'annoncer aujourd'hui de sa propre bouche. A l'hôpital, mon père ! O ciel ! ma charmante maîtresse, ma chère reine à l'hôpital, comme la plus infâme de toutes les créatures ! Où trouverais-je assez de force pour ne pas mourir de douleur et de honte ? »

Le bon Père, me voyant dans cet excès d'affliction, entreprit de me consoler. Il me dit qu'il n'avait jamais compris mon aventure de la manière dont je la racontais ; qu'il avait su, à la vérité, que je vivais dans le désordre ; mais qu'il s'était figuré que ce qui avait obligé M. de G*** M*** d'y prendre intérêt était quelque liaison d'estime et d'amitié avec ma famille ; qu'il ne s'en était expliqué à lui-même que sur ce pied ; que ce que je venais de lui apprendre mettait beaucoup de changement dans mes affaires, et qu'il ne doutait point que le récit fidèle qu'il avait dessein d'en faire à M. le lieutenant général de Police ne pût contribuer à ma liberté. Il me demanda ensuite pourquoi je n'avais pas encore pensé à donner de mes nouvelles à ma famille, puisqu'elle n'avait point eu de part à ma captivité. Je satisfis à cette objection par quelques raisons prises de la douleur que j'avais appréhendé de causer à mon père, et de la honte que j'en aurais ressentie moi-même. Enfin, il me promit d'aller de ce pas chez le lieutenant général de Police, ne fût-ce, ajouta-t-il, que pour prévenir quelque chose de pis de la part de M. de G*** M*** qui est sorti de cette maison fort mal satisfait, et qui est assez considéré pour se faire redouter.

J'attendis le retour du Père avec toutes les agitations d'un malheureux qui touche au moment de sa sentence. C'était pour moi un supplice inexprimable de me représenter Manon à l'hôpital. Outre l'infamie de cette demeure, j'ignorais de quelle manière elle y était traitée, et le souvenir de quelques particularités que j'avais entendues de cette maison d'horreur renouvelait à tous moments mes transports. J'étais tellement résolu de la secourir, à quelque prix et par quelque moyen que ce pût être, que j'aurais mis le feu à Saint-Larare, s'il m'eut été impossible d'en sortir autrement.

Je réfléchis donc sur les voies que j'avais à prendre, s'il arrivait que le lieutenant général de Police continuât de m'y retenir malgré moi. Je mis mon industrie à toutes les épreuves; je parcourus toutes les possibilités. Je ne vis rien qui pût m'assurer d'une évasion certaine, et je craignis d'être renfermé plus étroitement si je faisais une tentative malheureuse. Je me rappelai le nom de quelques amis de qui je pouvais espérer du secours; mais quel moyen de leur faire savoir ma situation? Enfin, je crus avoir formé un plan si adroit qu'il pourrait réussir, et je remis à l'arranger encore mieux après le retour du Père supérieur, si l'inutilité de sa démarche me le rendait nécessaire.

Il ne tarda pas à revenir. Je ne vis pas sur son visage les marques de joie qui accompagnent une bonne nouvelle.

« J'ai parlé, me dit-il, à M. le lieutenant général de Police, mais je lui ai parlé trop tard. M. de G*** M*** l'est allé voir en sortant d'ici, et l'a si fort prévenu contre vous, qu'il était sur le point de m'envoyer de nouveaux ordres pour vous resserrer davantage.

« Cependant, lorsque je lui appris le fond de vos affaires, il a paru s'adoucir beaucoup et, riant un peu de l'incontinence du vieux M. de G*** M***, il m'a dit de vous laisser ici six mois pour le satisfaire, d'autant mieux, a-t-il dit, que cette demeure ne saurait vous être inutile. Il m'a recommandé de vous traiter honnêtement, et je vous réponds que vous ne vous plaindrez point de mes manières.»

Cette explication du bon supérieur fut assez longue pour me donner le temps de faire une sage réflexion. Je conçus que je m'exposerais à renverser mes desseins si je lui marquais trop d'empressement pour ma liberté. Je lui témoignai, au contraire, que, dans la nécessité de demeurer, c'était une douce consolation pour moi d'avoir quelque part à son estime. Je le priai ensuite, sans affectation, de m'accorder une grâce qui n'était de nulle importance pour personne, et qui servirait beaucoup à ma tranquillité : c'était de faire avertir un de mes amis, un saint ecclésiastique qui demeurait à Saint-Sulpice, que j'étais à Saint-Lazare, et de permettre que je reçusse quelquefois sa visite. Cette faveur me fut accordée sans délibérer.

C'était mon ami Tiberge dont il était question ; non que j'espérasse de lui les secours nécessaires pour ma liberté, mais je voulais l'y faire servir comme un instrument éloigné, sans qu'il en eût même connaissance. En un mot, voici mon projet : je voulais écrire à Lescaut, et le charger, lui et nos amis communs, du soin de me délivrer. La première difficulté était de lui faire tenir ma lettre ; ce devait être l'office de Tiberge. Cependant, comme il le connaissait pour le frère de ma maîtresse, je craignais qu'il n'eût peine à se charger de cette commission. Mon dessein était de renfermer ma lettre à Lescaut dans une autre lettre que je devais adresser à un honnête homme de ma connaissance, en le priant de rendre promptement la première à son adresse; et comme il était nécessaire que je visse Lescaut pour nous accorder dans nos mesures, je voulais lui marquer de venir à Saint-Lazare, et de demander à me voir sous le nom de mon frère aîné, qui était venu exprès à Paris pour prendre connaissance de mes affaires. Je remettais à convenir avec lui des moyens qui nous paraîtraient les plus expéditifs et les plus sûrs. Le Père supérieur fit avertir Tiberge du désir que j'avais de l'entretenir. Ce fidèle ami ne m'avait pas tellement perdu de vue qu'il ignorât mon aventure; il savait que j'étais à Saint-Lazare, et peut-être n'avait-il pas été fâché de cette disgrâce qu'il croyait capable de me ramener au devoir. Il accourut aussitôt à ma chambre.

Notre entretien fut plein d'amitié. Il voulut être informé de mes dispositions. Je lui ouvris mon cœur sans réserve, excepté sur le dessein de ma fuite.

« Ce n'est pas à vos yeux, cher ami, lui dis-je, que je veux paraître ce que je ne suis point. Si vous avez cru trouver un ami sage et réglé dans ses désirs, un libertin réveillé par les châtiments du Ciel, en un mot un cœur dégagé de l'amour et revenu des charmes de sa Manon, vous avez jugé trop favorablement de moi. Vous me revoyez tel que vous me laissâtes il y a quatre mois: toujours tendre, et toujours malheureux par cette fatale tendresse dans laquelle je ne me lasse point de chercher mon bonheur! »

Il me répondit que l'aveu que je faisais me rendait inexcusable; qu'on voyait bien des pécheurs qui s'enivraient du faux bonheur du vice jusqu'à le préférer hautement à celui de la vertu, mais que c'était du moins à des images de bonheur qu'ils s'attachaient et qu'ils étaient les dupes de l'apparence; mais que de reconnaître, comme je le faisais, que l'objet de mes attachements n'était propre qu'à me rendre coupable et malheureux et de continuer à me précipiter volontairement dans l'infortune et dans le crime, c'était une contradiction d'idées et de conduite qui ne faisait pas honneur à ma raison.

« Tiberge, repris-je, qu'il vous est aisé de vaincre, lorsqu'on n'oppose rien à vos armes! Laissez-moi raisonner à mon tour. Pouvez-vous prétendre que ce que vous appelez le bonheur de la vertu soit exempt de peines, de traverses et d'inquiétudes? Quel nom donnerez-vous à la prison, aux croix, aux supplices et aux tortures des tyrans? Direz-vous, comme le font les mystiques, que ce qui tourmente le corps est un bonheur pour l'âme? Vous n'oseriez le dire, c'est un paradoxe insoutenable. Ce bonheur que vous relevez tant est donc mêlé de mille peines; ou, pour parler plus juste, ce n'est qu'un tissu de malheurs, au travers desquels on tend à la félicité. Or, si la force de l'imagination fait trouver du plaisir dans ces maux mêmes, parce qu'ils peuvent conduire à un terme heureux qu'on espère, pourquoi traitez-vous de contradictoire et d'insensée, dans ma conduite, une disposition toute semblable? J'aime Manon: je tends au travers de mille douleurs à vivre heureux et tranquille auprès d'elle. La voie par où je marche est malheureuse, mais l'espérance d'arriver à mon terme y répand toujours de la douceur, et je me croirai trop bien payé, par un moment passé avec elle, de tous les chagrins que j'essuie pour l'obtenir. Toutes choses me paraissent donc égales de votre côté et du mien; ou s'il y a quelque différence, elle est encore à mon avantage: car le bonheur que j'espère est proche, l'autre est éloigné; le mien est de la nature des peines, c'est-à-dire sensible au corps; et l'autre est d'une nature inconnue, qui n'est certaine que par la foi. »

Tiberge parut effrayé de ce raisonnement. Il recula deux pas, en me disant de l'air le plus sérieux, que non seulement ce que je venais de dire blessait le bon sens, mais que c'était un malheureux sophisme d'impiété et d'irréligion : « Car cette comparaison, ajouta-t-il, du terme de vos peines avec celui qui est proposé par la religion, est une idée des plus libertines et des plus monstrueuses.

— J'avoue, repris-je, qu'elle n'est pas juste ; mais, prenez-y garde, ce n'est pas sur elle que porte mon raisonnement. J'ai eu dessein d'expliquer ce que vous regardez comme une contradiction dans la persévérance d'un amour malheureux ; et je crois avoir fort bien prouvé que, si c'en est une, vous ne sauriez vous en sauver plus que moi. C'est à cet égard seulement que j'ai traité les choses d'égales, et je soutiens encore qu'elles le sont.

« Répondrez-vous que le terme de la vertu est infiniment supérieur à celui de l'amour? Qui refuse d'en convenir? Mais est-ce de quoi il est question? Ne s'agit-il pas de la force qu'ils ont l'un et l'autre pour faire supporter les peines? Jugeons-en par l'effet ; combien trouve-t-on de déserteurs de la sévère vertu, et combien en trouverez-vous peu de l'amour?

« Répondrez-vous encore que, s'il y a des peines dans l'exercice du bien, elles ne sont pas infaillibles et nécessaires ; qu'on ne trouve plus de tyrans ni de croix, et qu'on voit quantité de personnes vertueuses mener une vie douce et tranquille? Je vous dirai de même qu'il y a des amours paisibles et fortunés; et ce qui fait encore une différence qui m'est extrêmement avantageuse, j'ajouterai que l'amour, quoiqu'il trompe assez souvent, ne promet du moins que des satisfactions et des joies, au lieu que la religion veut qu'on s'attende à une pratique triste et mortifiante.

« Ne vous alarmez pas, ajoutais-je en voyant son zèle prêt à se chagriner; l'unique chose que je veux conclure ici, c'est qu'il n'y a point de plus mauvaise méthode pour dégoûter un cœur de l'amour, que de lui en décrier les douceurs, et de lui promettre plus de bonheur dans l'exercice de la vertu. De la manière dont nous sommes faits, il est certain que notre félicité consiste dans le plaisir; je défie qu'on s'en forme une autre idée: or, le cœur n'a pas besoin de se consulter longtemps pour sentir que, de tous les plaisirs, les plus doux sont ceux de l'amour. Il s'aperçoit bientôt qu'on le trompe, lorsqu'on lui en promet ailleurs de plus charmants, et cette tromperie le dispose à se défier des promesses les plus solides.

« Prédicateurs qui voulez me ramener à la vertu, dites-moi qu'elle est indispensablement nécessaire; mais ne me déguisez pas qu'elle est sévère et pénible. Établissez bien que les délices de l'amour sont passagères, qu'elles sont défendues, qu'elles seront suivies par d'éternelles peines, et, ce qui fera peut-être encore plus d'impression sur moi, que plus elles seront douces et charmantes, plus le Ciel sera magnifique à récompenser un si grand sacrifice ; mais confessez qu'avec des cœurs tels que nous les avons, elles sont ici-bas nos plus parfaites félicités ! »

Cette fin de mon discours rendit sa bonne humeur à Tiberge. Il convint qu'il y avait quelque chose de raisonnable dans mes pensées. La seule objection qu'il ajouta fut de me demander pourquoi je n'entrais pas du moins dans mes propres principes, en sacrifiant mon amour à l'espérance de cette rémunération, dont je me faisais une si grande idée.

« O cher ami ! lui répondis-je, c'est ici que je reconnais ma misère et ma faiblesse. Hélas ! oui, c'est mon devoir d'agir comme je raisonne; mais l'action est-elle en mon pouvoir? De quel secours n'aurais-je pas besoin pour oublier les charmes de Manon ?

— Dieu me pardonne ! reprit Tiberge, je pense que voici encore un de nos jansénistes.

— Je ne sais ce que je suis, répliquai-je, et je ne vois pas trop clairement ce qu'il faut être; mais je n'éprouve que trop la vérité de ce qu'ils disent. »

Cette conversation servit du moins à renouveler la pitié de mon ami. Il comprit qu'il y avait plus de faiblesse que de malignité dans mes désordres. Son amitié en fut plus disposée dans la suite à me donner des secours sans lesquels j'aurais péri infailliblement de misère. Cependant, je ne lui fis pas la moindre ouverture du dessein que j'avais de m'échapper de Saint-Lazare. Je le priai seulement de se charger de ma lettre. Je l'avais préparée avant qu'il fût venu, et je ne manquai point de prétextes pour colorer la nécessité où j'étais d'écrire. Il eut la fidélité de la porter exactement, et Lescaut reçut avant la fin du jour celle qui était pour lui.

Il me vint voir le lendemain, et il passa heureusement sous le nom de mon frère. Ma joie fut extrême en l'apercevant dans ma chambre. J'en fermai la porte avec soin.

« Ne perdons pas un seul moment, lui dis-je ; apprenez-moi d'abord des nouvelles de Manon, et donnez-moi ensuite un bon conseil pour rompre mes fers. »

Il m'assura qu'il n'avait pas vu sa sœur depuis le jour qui avait précédé mon emprisonnement; qu'il n'avait appris son sort et le mien qu'à force d'informations et de soins; que, s'étant présenté deux ou trois fois à l'Hôpital, on lui avait refusé la liberté de lui parler.

« Malheureux G*** M***, m'écriai-je, que tu me le paieras cher!

— Pour ce qui regarde votre délivrance, continua Lescaut, c'est une entreprise moins facile que vous ne pensez. Nous passâmes hier la soirée, deux de mes amis et moi, à observer toutes les parties extérieures de cette maison, et nous jugeâmes que, vos fenêtres étant sur une cour entourée de bâtiments, comme vous nous l'aviez marqué, il y aurait bien de la difficulté à vous tirer de là. Vous êtes d'ailleurs au troisième étage, et nous ne pouvons introduire ici ni cordes ni échelles. Je ne vois donc nulle ressource du côté du dehors. C'est dans la maison même qu'il faudrait imaginer quelque artifice.

— Non, repris-je, j'ai tout examiné, surtout depuis que ma clôture est un peu moins rigoureuse par l'indulgence du supérieur. La porte de ma chambre ne se ferme plus avec la clef : j'ai la liberté de me promener dans les galeries des religieux; mais tous les escaliers sont bouchés par des portes épaisses, qu'on a soin de tenir fermées la nuit et le jour, de sorte qu'il est impossible que la seule adresse puisse me sauver.

« Attendez, repris-je après avoir un peu

réfléchi sur une idée qui me parut excellente; pourriez-vous m'apporter un pistolet?

— Aisément, me dit Lescaut; mais voulez-vous tuer quelqu'un? »

Je l'assurai que j'avais si peu dessein de tuer, qu'il n'était pas même nécessaire que le pistolet fût chargé.

« Apportez-le-moi demain, ajoutai-je, et ne manquez pas de vous trouver le soir, à onze heures, vis-à-vis la porte de cette maison, avec deux ou trois de nos amis! J'espère pouvoir vous y rejoindre. »

Il me pressa en vain de lui en apprendre davantage. Je lui dis qu'une entreprise telle que je la méditais ne pouvait paraître raisonnable qu'après avoir réussi. Je le priai d'abréger sa visite, afin qu'il trouvât plus de facilité à me revoir le lendemain. Il fut admis avec aussi peu de peine que la première fois. Son air était grave; il n'y a personne qui ne l'eût pris pour un homme d'honneur.

FIN DU TOME PREMIER

TABLE

DU TOME PREMIER

www.ingramcontent.com/pod-product-compliance
Ingram Content Group UK Ltd.
Pitfield, Milton Keynes, MK11 3LW, UK
UKHW020955230726
13923UKWH00007B/411